好的销售都是提问高手

销售精英都在用的 销售技巧

程鹏 著

中国商业出版社

图书在版编目（CIP）数据

好的销售都是提问高手 / 程鹏著. -- 北京：中国商业出版社，2019.6

ISBN 978-7-5208-0784-5

Ⅰ.①好… Ⅱ.①程… Ⅲ.①销售–语言艺术–通俗读物 Ⅳ.①F713.3-49

中国版本图书馆CIP数据核字(2019)第108407号

责任编辑：张新壮　张盈

中国商业出版社出版发行
010-63180647　www.c-cbook.com
（100053　北京广安门内报国寺1号）
新华书店经销
北京富泰印刷有限责任公司印刷

*

880毫米×1230毫米　1/32开　8.75印张　219千字
2019年8月第1版　2019年8月第1次印刷
定价：45.00元

****

（如有印装质量问题可更换）

前言 Preface

销售人员总有这样的疑问：为什么和客户聊得很好，成交却很少？为什么客户总是反反复复地挑毛病？为什么客户总是犹犹豫豫，不肯下单？

答案在哪里？其实，就在你的客户那里！

作为销售人员，如何获得导致客户踌躇不决的某些关键信息？如何帮助客户突破成交之前的种种心理障碍？可以说，方法有很多，但最好的方法只有一个，那就是提问，即向客户进行各种方式的提问。问对了，就把握住了客户的七寸；问对了，就等于搞定了客户；问对了，成功交易自然就会实现。

提问真有这么大的作用吗？作用确实很大。其实，这种作用是抽象的，是对心理上的影响。下面，我们从心理学的角度进行解答。

心理学中有一个关于"提问引导"的实验：研究人员让被测试者观看一组车祸的幻灯片，其中一张幻灯片显示一辆红色跑车被撞后停在一个黄色的让行牌旁。研究人员询问被测试者："你们有没有注意停车牌旁边的那辆红色跑车，它其实可以避开这起车祸，因为……"结果，大部分人都记成了红色跑车停在了停车牌旁,而不是停在让行牌旁。

这个实验表明了一个很常见但又很重要的事实,即他人的口头信息、词汇以及问题可以很轻易地改变人们对于所见的记忆。眼见为实的记忆都可以被改变,何况只是大脑中的一个想法、判断或观点呢?

将这种现象引入沟通说服中,借助提问让自己的观点更快速地对他人的大脑产生影响。所以,与沟通说服息息相关的销售行为更是离不开对这种现象的利用。也就是说,在销售过程中,销售人员最具价值的一项技能就是向客户提问,借此了解客户的需求,并针对客户的疑虑进行解释说明。

事实上,这项技能已经被很多优秀的销售人员所采用。他们很清楚一点,客户在采购决策时,要求集中在方方面面,如价格低、质量过硬、服务好,等等,但这只是表面上的,还有更深层的潜在需求,客户当然不会明白地说出来。因此,销售人员就需要引导客户说出其真实意图,这是销售成功的关键所在,而这一切都建立在能够充分了解客户需求的基础之上。

提问有助于销售人员了解客户,所以优秀的销售人员一定是提问高手。他们的目的是让客户做出尝试、购买、签单等行为,方式则是在客户的大脑里制造一些"印象",并使用恰当有力的词汇,配合准确而有效的问题,以便"操纵"客户的想法,让客户思维逐渐朝着销售所希望的方向发展,最终愉快地达成交易。

因此,作为销售员,你千万要记住一句话:"如果你能问,就千万不要说!"

目录
Contents

第1章 销售就要会提问

在销售过程中，提问是让沟通延续下去的最好方法，也是销售人员必须掌握的一项技能。销售人员通过正确而巧妙的提问，可以减少客户的逆反心理，充分了解客户信息，引导客户按照一定的方向展开交流，最终达到成功交易的目的。

1.1 用提问影响客户的选择 //3
1.2 准确提问测试客户回应 //8
1.3 提问助你掌控与客户对话的进程 //12
1.4 提问是处理异议的最好方式 //17
1.5 提问比陈述更容易让客户接受 //21
1.6 好问题能引导客户参与销售 //26

第2章 提问式开场白，30秒内提起客户兴趣

销售过程中的开场白有很多种，但提问式开场白却是最有效的，可以瞬间吸引客户，几十秒内让客户的态度从"可有可无"转变到"兴趣大增"。

2.1 好奇性提问激发客户兴趣 //33
2.2 提出话题性问题避免尬聊 //38
2.3 问到客户熟悉的介绍人 //44
2.4 提及客户的竞争对手 //49
2.5 以谦虚和请教的方式发问 //53
2.6 从客户最关心的利益问起 //60
2.7 留言打开销售的大门 //66

第3章 建立信任，信任是深入提问的前提

客户有疑心，担心上当受骗是很正常的。优秀的销售人员需要打消客户的防备心理，建立与客户间的信任。可以说，有了信任才能深入交流，交流越到位，成交的概率就越大，而且日后的进一步交易也容易达成。

3.1 信任来自有意义的提问 //73
3.2 从客户关注的问题开始提问 //78
3.3 通过诊断性提问建立信任 //82
3.4 用专业性提问打造专家形象 //87
3.5 顾问式销售最容易赢得客户信任 //92
3.6 调整提问范围也能获得客户信任 //100

第4章 问出需求，只卖客户需要的价值

销售建立在需求的基础上，有怎样的需求，就会产生怎样的销售。了解客户真正的需求，提问是最直接、最简单、最有效的方式，可以准确瞄准客户需求的价值，为客户提供最到位的服务。

4.1 开放式提问,获取更多信息 //109

4.2 连续式提问,获得更多准确反馈 //113

4.3 迂回式提问,在不经意间问出客户的真相 //117

4.4 聆听式提问,让客户说出难言之隐 //122

4.5 定义式提问,将客户模糊的需求明确化 //128

4.6 SPIN 式提问,摸清客户痛点 //131

4.7 渐进式提问,挖掘客户的潜在需求 //135

第5章 抓住问题关键,提炼产品卖点

销售能够顺利开单的重要通道,就是通过不断地提问,以此来了解客户最为感兴趣也最需要的卖点,做到对症下药,选择最合适的销售话术促成交易。

5.1 策略性提问比罗列卖点更重要 //143

5.2 问出需求,用卖点满足客户需求 //148

5.3 问出客户兴趣,就找出了产品卖点 //152

5.4 问出客户的生活方式,将卖点与其挂钩 //158

5.5 问出异议,找到卖点突破口 //163

5.6 客户的回答中隐藏着卖点 //167

第6章 讲方式、有原则的提问才有效果

提问不是客套问、随便问、强行问、胡乱问、想问就问、不想问硬问,这些机械性的、没方法的、无原则的问题不仅不会促进销售,反而会中断销售行为。真正有效的提问恰恰相反,问题要灵活、有效、有原则,如此才能从提问中获取最大价值。

6.1 提问要以客户回答轻松为标准 //173

6.2 问题越具体,客户越容易回应 //177

6.3 压力性提问,激发客户的购买欲 //182

6.4 借助暗示的力量击破客户的防线 //186

6.5 利用反问,让客户自己回答质疑 //190

6.6 把握好提问时的分寸 //194

第7章 让客户的微表情做提问的指示灯

提问的发起是单方面的,但提问的过程却是双方共同维护的。想让有问有答顺利进行,就要时刻留意客户的表现。当客户表现出不愿意回答或不屑于回答的状态时,应立即停止当前问话,或者进一步转移话题。

7.1 遇到客户面露难色,改变提问方向是关键 //201

7.2 客户眼神专注时,可以进行更深入的提问 //205

7.3 客户上扬嘴角,是对你提问的肯定 //210

7.4 客户耸肩,表示对提问不以为然 //214

7.5 客户的假象要及时识破 //218

7.6 客户脚尖冲门口,就要进行挽回式提问 //223

第8章 提问讲技巧,巧问促成交

提问不是简单的一问一答,也不是一方不断地询问,另一方机械地作答。想从销售提问中获得收益,懂得一些技巧是非常必要的。

8.1 罗列式提问,给客户多个购买的理由 //229

8.2 引导式提问,引导客户"是"的回答 //235

8.3 连环式提问，瓦解客户最后一道防线 //240

8.4 二选一提问，让客户做出选择 //245

8.5 框架式提问，让客户进入预先设置的框架中 //250

8.6 幽默式提问，放松状态下更容易成交 //255

8.7 启发式提问，让客户发现更多价值 //260

8.8 换位式提问，让客户无法拒绝 //264

第1章

销售就要会提问

在销售过程中,提问是让沟通延续下去的最好方法,也是销售人员必须掌握的一项技能。销售人员通过正确而巧妙的提问,可以减少客户的逆反心理,充分了解客户信息,引导客户按照一定的方向展开交流,最终达到成功交易的目的。

1.1
用提问影响客户的选择

提问在人类的交际行为中能起到怎样的作用?

答案或许是方方面面的,有助于保持对问题的专注度,有助于提高对对方的认识,还有助于提升双方的交际关系,这些都是合理而必有的作用。但还有一点最为重要却常被忽视的——对他人行为的影响。

美国心理学会针对这个问题进行了一项联合研究。就某项行为向人们提问后,发现该提问会影响其在未来对该行为的执行,这种现象被称为"问题—行为效应"。

此后,来自美国加州大学欧文分校、纽约州立大学阿尔巴尼分校、爱达荷大学、华盛顿州立大学的研究人员对上百项关于"问题—行为效应"的研究进行了综合性分析,探究了该效应产生的原因,共有三个方面(见图1–1)。一是心理影响方面。有很大可能会彻底改变一个人对待某个问题的态度。二是时间效应方面。该效应所产生的效果可以持续到问题提出后的六个月甚至还要长。三是范围效应方面。不只是影响被提问者本人,还会对其周围的人产生一定的影响。

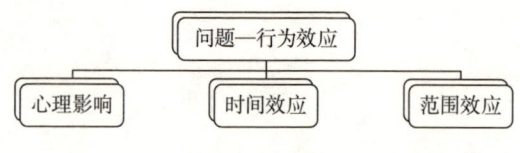

图1-1 "问题—行为效应"的三方面影响

比如,"你会回收再利用某些物品吗?"这句问话就会对对方的心理造成影响,进而使对方产生倾向于提问中所隐含的结论的心理反应。具体到这个问题的心理反应就是:对方在有机会回收再利用某些物品时会不自觉地受到这次提问的影响,会主动去响应提问中隐含着的结论——应该回收再利用物品,如果不这么做会感到不安,因而一定会采取行动(即回收再利用某些物品)来减轻不安感。进一步延伸性的行为则是,在看到其周围人不回收再利用某些产品时,就会导致其心里不安,从而进行阻止或劝说。

也就是说,想要影响他人的心理和行为,关键在于提问,用提问产生"问题—行为效应"。可见,提问是一种相对来说简单易行且能够较为显著地改变人们行为的方式。这一方式能够帮助人们制定营销策略、辅助市场建设、了解消费者心理行为。

优秀的营销大师们就是因为看到了提问的好处,并且在实际销售中充分利用了这个好处,才能纵横于商场,周旋于人际,让自己的销售进行得游刃有余。有世界销售之王美誉的乔·吉拉德说过:"销售不应该是客户问你,而应该是你问客户。因为提问是思维的主导。"

方法一:通过提问,引导客户选择

通常情况下,客户并不十分清楚或不能清晰地表述自己的问题或需求，这是很常见的现象。比如，去美发店剪头发时，很多人就说不清楚自己想要的到底是哪种发型。因为顾客不懂得业内技术，心里想的往往和最终的效果不是一回事，问题或者出在顾客的表达错误上，或者出在理发师的理解错误上。此时，顾客表达清楚自己的需求和理发师听明白顾客的要求，同等重要。理发师不应该在没有弄懂顾客意思的情况下，就进行推荐或服务。

有经验的销售员都知道这个道理。乔·吉拉德告诉我们："在没有清楚地、完整地把握客户的需求之前，即使将全世界最好的产品和服务推荐给客户也无济于事。"而谁能帮客户真正明白所需，解决问题，向客户提供的是正确甚至能够获利的行动，谁就能赢得客户。

想要达到这个效果，最好的方法就是提问。一句正确的问话，能解开的是服务与被服务双方的不解之处。比如："我好像明白了，您是要剪刘德华年轻时那样的发型吧？"这句话就是对顾客所有要求的总结，而且带着征求意见的态度。顾客说了一大堆，但信息却既乱又散，理发师从中整理出了有效的信息，然后用这句问话进行了总结，让顾客有茅塞顿开之感，由此做出最终选择。

这就是提问的优势。或许你会说，这种总结性的话不是非要用疑问句啊，用肯定句也行啊。看看这句——"你要剪的是刘德华年轻时的发型"。这也是总结，但却是断定式的态度。可是，如果总结得不对怎么办？顾客说："不对，我不要那样的发型，我最烦刘德华了。"如此一来，这个理发师在顾客心中的形象将急剧下滑，顾客还愿不愿意继续与你沟通下去将成为问题。可见，采用疑问句比肯定句要保险，可以给自己试错的机会。如果顾客说："不是刘德华那样的。"理发师可以接着分析，再说：

"哦,是张卫健曾经梳过的一款发型吧?"

我们可以这样理解,既然要引导客户做出选择,提问的方式才是引导,肯定的方式则是命令。顾客是上帝,怎么甘愿接受命令呢?

▶ 方法二:通过提问,颠覆客户选择

相比较客户不清楚或者表达不清晰自己要求的情况,对立的一种则是客户很清楚自己的要求,也表达得很清晰。这种情况下是不是只能听从客户的呢?通常情况下是的,因为销售中必须以客户为主角。

但有一种结果我们需要考虑,就是客户按照自己的意愿购买的产品或者接受的服务,其实并不适合,甚至非常不适合他(她),只是因为客户心有所向后,往往会认为自己的选择正确,并且迫不及待地要将这个选择变为现实。也就是说,顾客在做选择时,多数是不冷静的,或者是不清醒的。

我们都做过消费者,都会有这种经历。这就是为什么消费者在明知道销售人员跟自己不是一条心的情况下,还会征求意见,是因为他们希望得到正确的建议,实现正确地消费。但是很遗憾,很多销售员并不懂这个道理,因为急于要销售出商品而选择无限顺从消费者,然后就只能任由过后被消费者埋怨。

作为销售人员,不仅要在满足客户意愿的情况下卖出产品,还要尽力保证客户购买过后也能满意,毕竟让客户产生信任感,是销售必须要取得的效果。因此,如果在销售时看到客户所选的商品确实不适合(外在不适合或作用不适合),销售人员一定要真心实意地提出自己的意见,并且注意顾全客户的颜面,让客户

自己意识到选择的不妥当,从而做出改正。

最好的方法只能是提问。比如:"您确定这件衣服的颜色很适合您吗?""这款茶几采用简约设计,四周边角明显,看着很硬朗,与您的风格相符。但我并不建议有幼儿的家庭购买,毕竟孩子的安全是第一位的。"前一句通过提问让顾客自己认清衣服不适合;后一句则是在肯定了顾客的基础上,模糊性地提出了另一种建议——边角须圆滑,因为顾客家有幼儿。

这种温和且到位的提问加建议,客户通常是愿意采纳的。当客户买到了心仪的商品后,那种满足感是会长久留存的,也势必会有利于未来的销售。

1.2 准确提问测试客户回应

提问的目的之一是借助客户的回答,掌握客户的回应。回应之中有销售所必须要知道的信息——客户的内心所向、所盼、所期,这是销售成功的基础。要做到这一点,就需要做到提问的准确性,要问到客户最关心的地方,问到客户最想知道的方面,问到客户最满意的效果。

那么,就不能像下面这位销售员这样,用自以为"好听"的询问方式让客户感觉很不舒服,难以成交。

A从事眼镜批发生意。这天,来了一位新客户,A迎上去问:"需要眼镜吗?"

客户说:"是的,刚开始做,想批发些眼镜。"

A问:"我这里的眼镜种类齐全,适合各个年龄段,你需要什么样的呢?主要销售给什么人群?"

客户说:"我主要的销售群体定位在中老年人,以女性为主。"

A说:"这样啊!很好的方向选择,现在就老人的钱好挣。我这里有很多款眼镜适合老年人,而且是'减龄款'的。"

客户有些发懵地问:"什么是'减龄款'?"

A得意地说:"不懂了吧?所谓'减龄款'就是戴上让人显

年轻的，衣服、帽子、皮包都有这个说法。这你在销售时得让顾客知道。可以这样说：'您选的这款墨镜真棒，戴上后您至少年轻十岁。'这样说，谁能不买？您说呢？"

客户哼了一声说："要是我，我就不买，谁会喜欢一摘下来就会让自己年老十岁的眼镜？"

说完，客户转身去了其他商家。

准确，就是在不滥用修辞、不随意改变商品用途的基础上，将自己想要得到的信息以提问的形式传递给对方。而上面的案例中，A显然没能做到准确提问。首先，A夸张地滥用了修辞，"年轻十岁"不是随便一款产品就能达到的效果，何况只是一款普通的眼镜而已。其次，A改变了商品的用途，眼镜有近视镜、老花镜、墨镜、平光镜等多种，有功能性的，也有装饰性的，但无论戴哪种都不可能有"年轻十岁"的作用。而且，正如这位客户所说的，就算是戴上能够年轻十岁，那摘下来呢？瞬间老十岁吗？谁敢买这样的眼镜。

这个案例中，A起初问得挺好，问出了客户的需求，客户的反应也不错，如实告知自己的想法。若是保持这种状态问下去，精准、具体、不浮夸，就不会失去客户了。

》方法一：提问要尽量具体

在销售中，有一种常见的"捕捉大方向心理"，就是总想着要成交大生意，所以提问的问题总围绕大方面、大体量、大金额的，对小方面、小体量、小金额的往往不够重视。于是，销售中提问不具体成了普遍现象。但是，正确的销售途径却恰恰需要将问题问得具体，以点带面，以小带大，以具体带宏观，实现成功交易。

我们以销售眼镜为例，如果 A 这样跟客户说，"这款您看看，适合退休后的老年人，沉稳中还显精神"，"这款也不错，适合五十多岁的女性，藏着一种青春感，戴上显得更有活力，很适合上了年纪的人"，"还有这款，镜腿的做工充分考虑到了老年人耳廓的敏感程度，戴几个小时都不硌耳朵，增加了佩戴的舒适度"，"再看这款……"这种不浮夸又很具体的导购方式，一定会让客户安下心来逐一挑选。

因此，提问要尽量具体，做到有的放矢，切不可漫无边际，泛泛而谈，让客户陷入不知所措的境地。具体就是给客户提供方向，然后顺着这个方向，和客户一起走到成交的终点。

方法二：提问要突出重点

提问还要突出重点，诱使客户谈论既定的问题，从中获取有价值的信息，把客户的注意力集中于他所希望解决的问题上面，缩短成交时间。比如：

业务员："肖总，如果我们要建立起长期的合作关系，我公司还有哪些需要改进的呢？"

业务员："肖总，这件事如果能确定下来，按照我公司的规定，是有 4.5% 的佣金对您表示感谢的。我给您现金还是直接打到您卡里呢？"

这两个问题无疑是商务谈判中的重点问题。前一句可以打开客户的话匣子，提出对公司的要求，有经验的业务员能从客户的回答中找到蛛丝马迹，判断出客户的心理需求和预期。后一句则可以直接试探出客户对这宗交易的渴望程度：若非常渴望，就不会很在意佣金；若不是很渴望，佣金就成了重要因素。总之，想要探求出客户真实的反应，就要将问题问到位，问到客户最为关心的地方，让客户无法隐藏真实的想法。当然，针对不同的客户要提出不同的问题，只有为每一位客户定制的问题，才能切中要害。

▶ 方法三：提问不能太夸张

夸张是说话时经常用到的一种修辞手法，比如"屋子里太安静了，掉地上一根针都能听到"。运用夸张是为了把自己对其他事物或其他人的强烈情感表达出来，虽然会言过其实，但是却能生动鲜明地表达出人们的内心情感。可以说，夸张是必要的表达方式，但是夸张不是任何场合、对待任何对象都可以使用的。

销售就是不能使用或者更准确地说不能过分使用夸张表达方式的场合。销售需要的是双方的冷静加理智，再配合些许的夸张，可以达到更好的效果。我们仍以本节销售眼镜为例，如果将"年轻十岁"换作"显得年轻""有年轻的气息""一点儿都不显老"，同样的意思，不同的表达，效果就会截然不同。

记住：夸张往往是因为对自己产品的不自信，希望借助夸张的效果来赢得客户的注意，这无异于欺骗，有几个人会甘心受骗呢？所以，过分夸张等于出卖了自己和自己的产品。切记！切记！

1.3 提问助你掌控与客户对话的进程

提问的作用之一是掌握对话的进程,在常规的交谈中,经常使用此方法。一些访谈类的电视节目,主持人根据嘉宾的状态和现场的气氛提出恰当的问题,来引导整个节目的进程。在商务谈判中,优秀的谈判者也会根据自己的需求提出问题,其既可以在对方的回答中筛选出必要的信息,还可以通过对方回答的状态判断对方的心理状态。

但是,不是每个人都知道这个方法的重要性。有些人知道要提问,却不愿意运用,因为"不好意思",怕问多了、问错了让客户"生气"。这种想法真的没必要,我们都买过大大小小的商品,当时的心理只有一个,就是希望销售人员能懂我们的心思,帮助我们挑选到最合适的商品。正因如此,客户是不怕被提问的。只有提问与回答之间建立起了关系,销售人员才能真正明白客户的意图,也才能更加准确地把握客户的心理,从而掌控与客户谈话的进程,愉快达成交易。

当然,提问也有必须要注意的原则,我们以图表形式展现(见图1-2):

第1章 销售就要会提问

一、目的性	二、具体性	三、逻辑性	四、简练性
·1.以客户所要购买的产品为核心 ·2.以所销售的产品与客户的契合度为依据	·1.问题的覆盖面不能太散 ·2.以客户最关心的方面为具体探讨的点	·问题要步步深入	·1.采用一句话提问方式 ·2.不可重复提问 ·3.不可问相似的问题

图1-2 提问必须要注意的几项原则

该图表中,一共列举了四项必须要注意的原则,每一项下面有对该原则的具体释义,做到了这四项,基本上提问就不会有问题,也不可能惹客户不高兴了。

销售是一个完整的闭合环,却是由一段一段的销售环节构成的,这些销售环节能否顺利进行,取决于销售人员的能力。通常,优秀的销售员不会用硬性推荐的方式向客户推销,而是选择询问的方式帮助客户确认。每一个阶段,都采用适当的提问,用提问引导客户做出回答,再从客户的回答中找到下一步的突破口。也就是说,在销售的每个阶段,提问都推动着销售对话的进程。

下面,我们将销售初步分为四个阶段(具体销售应具体分析,如下所分的四个阶段,为常规销售中一定会包含的),作为销售中的参考。

▶▶ 第一,开场阶段

开场是非常重要的,一切后面的可能性都取决于开场的十几秒甚至几秒钟时间。因此,如何将这短暂的时间利用好,考验销售人员的智慧。正确的开场白无疑是运用提问的方式,以恰到好处的提问拉近与客户的关系。

可以用好奇性提问作为开头，如"我可以请教您一个问题吗？"或者"您是如何知道这款产品的呢？"

还可以利用状况性提问收集客户信息，如"您是怎样进入这个行业的呢？"或者"您的产品目前销售状况如何？"

▶ 第二，确认需求阶段

确认需求是销售中最核心的环节，了解了客户的需求，才能做到最精确的销售，不然一切努力都会白费。

可以利用封闭式提问初步确认客户的购物倾向，如"您是需要大型的服务器还是小型的办公电脑设备？"这是封闭的问题，需要客户在给出"大型的服务器还是小型的办公电脑"之间做出回答。无论客户选择哪一种，都可以进行下一步的提问，接着问"您需要台式机还是组装机？"

可以利用开放式提问确立客户所需产品的具体细节，如"您需要的组装机主要用途是什么？"或者"组装的价位在什么范围？"或者"有什么具体的要求吗？"这些都是开放式问题，客户可以根据自己的需要做出回答。客户的回答中包含了需求信息，提取出来，进行整合，就能完整得到客户的需求了。

进行到此，还不算最终确定，还可以利用聚焦性提问对客户的需求进行确认，如"在×××方面，您最担心的是什么？"或者"您对×××问题是怎样认为的？"客户在回答这类问题时，一定不是信口而说，而要结合他挑选的所需进行思考。这个过程中，客户或许可以从中找出自己所提供的需求的错误之处，及时进行更正。如果客户并未提出其他想法，说明客户的需求坚定，可以进行对话的下一阶段了。

第三，阐述观点阶段

该阶段是对上一个阶段的具体施行和效果巩固。掌握了客户的需求，就需要根据需求为客户提供相应的产品，但并不是所提供的产品一定会让客户满意，客户会有自己的观点，甚至有可能一款产品也看不上。此时，就需要对客户进行说服，而很多销售人员在这个阶段止步不前。导致销售失败的一个很大的原因就在于只进行阐述，而忽视了其他的方式。一味地阐述是提不起客户的兴趣的，要让客户也参与进来，形成一种讨论模式，既能拉近与客户的距离，也能让客户在参与的过程中逐渐认可产品。

其实，任何商品，只要是同类型、同质量、同价位的产品，其功能性和实用性都差不多，因此，能打动客户的往往不是产品本身，而是说服的能力。提问的作用恰恰在于增强说服力。可以在进行一段阐述后，进行确认性提问，如："您觉得怎么样呢？"这句话问出，客户必然要进行回答，哪怕客户只回答了句"还行"，也是客户参与的开始，顺着这句"还行"，优秀的销售人员可以衍生出很多问题，逐渐坚定客户选择产品的决心。

第四，谈判成交阶段

这是销售的最后阶段，也是检验销售水平和效果的阶段。不要认为到了这个阶段就可以高枕无忧了，客户就一定会掏钱了。未必！成交前撤出的案例比比皆是，还有成交后反悔的也不少。导致这种状况的发生，要么是前期工作做得不到位，要么是成交阶段没有做好。前期的错误应该返回到上一阶段重新运作，我们这里只讨论成交阶段应该如何做。

成交阶段通常用假设性的提问对客户进行试探，如："如果没有其他问题的话，您看什么时间可以接受我们的服务呢？"这是一个进可攻、退可守的问题。提出之后，注意停顿，保持沉默，把压力抛给客户，直到客户说出他的想法。

切记：提问之后，不要先开口抢答，那样就等于卸掉了客户的压力，成交将会推迟。如果客户给出了明确的认可答案，成交将顺利进行；如果客户给出了一定质疑的答案，可以这样进行提问，如："您的担心我们已经替您考虑到了，为您预留了×××项服务，您尽可放心，现在可以签约了吗？"

总之，成交是对一次销售服务的总结，往往一两句话就能做完美的结局，也可能出现功败垂成的局面，切勿大意对待。

1.4 提问是处理异议的最好方式

《圣经》里有一则经典的故事：

有一天，耶稣在圣殿里讲道，几个文士和法利赛人（一个犹太人宗派，非常注重《摩西律法》的细节，反对耶稣基督的福音信息）带来了一个女人，问耶稣说："这个女人在偷情时被抓到，摩西法律规定，这样的女人应该用石头打死。你认为怎样？"耶稣弯着身子，用指头在地上画字，未作回答。那几个人很得意，认为问住了耶稣，便不停地追问，耶稣只好站起身来，对他们说："你们当中谁没有犯过罪，谁就可以先拿石头打她。"说罢，耶稣又弯下身子在地上画字。那几个人站了一会儿，面面相觑，灰溜溜地走了。最后只留下耶稣和那个偷情的女人。这时候，耶稣站了起来，问那女人："他们都去哪里了？没有人留下来定你的罪吗？"女人回答："先生，他们都走了，你会定我的罪吗？"耶稣说："我也不定你的罪，你走吧，以后别再犯罪。"

实质上，这些人是想利用这个女人，使耶稣陷入他们的圈套。如果耶稣说，大家不应该用石头打死这个妇人，他们就会指控他不遵守摩西的法律；如果耶稣说，大家可以用石头打死那妇人，他们就会向罗马人告发，因为罗马人不允许犹太人用私刑。可见，耶稣当时已经陷入了进退维谷的两难境地。

怎样解决这个困境呢？耶稣采用了以"问"代"答"的方法，先问"你们当中谁没有犯过罪？"然后接着说"谁没有犯过罪就可以拿石头打她"。耶稣的问题触发了他们的自我反省机制，或者他们只是被迫反省，但他们也只能知罪而退。

这个故事非常值得我们思考，我们可以在日常生活和销售过程中灵活运用其中蕴含的超人智慧，帮助客户化解疑惑或异议，同时也帮助客户选择到适合的产品。

其实，聪明的销售人员早已经开始运用这个方法了。毕竟销售过程中难免会遇到客户的诸多异议，甚至会陷入困境。如何化解需要非常巧妙的方法。如果运用常规方法，向客户进行解释，很难扭转客户的态度，而且解释的越多往往越令客户感到反感，最终导致无法继续沟通。而采用"询问法"就不会发生这种状况。

"询问法"又叫"问题引导法"或"追问法"，是指销售人员利用客户提出的异议，直接以询问的方式向客户提出问题，引导客户在回答问题的过程中不知不觉地回答了他自己提出的异议，甚至是否定了自己，而同意了销售人员阐述的观点的一种异议化解方法。这是所有应对客户异议方法中最为高明的一招，与其由销售人员来解释，再让客户认可解释，不如让客户自己去思考，自己去理解，自己形成对这个异议的解释，最终把"攻守形势"反转过来。

下面的场景就是用询问法化解客户异议的运用：

客户："你们的产品不错，不过，我现在还不想买。"

销售人员："先生，既然产品很好，您为什么现在不买呢？"

客户："产品虽然不错，可它不值这个价。"

销售人员："那您说这样的产品应该卖什么价格？"

客户:"反正是贵,我买不起。"

销售人员:"先生,看您说的,如果连您都买不起,还有谁买得起呢?您给还个价,我们也做个参考。"

客户:"那好,我出××元。"

销售人员:"您给的价格偏低了,但我们觉得能和您合作很荣幸,所以,按照您出的价向上浮动5%,您认为这是不是同等质量下最合理的价格了?"

客户:"如果你们只上浮3%,才是最合理的价格。"

销售人员:"这样啊!那好,那就上浮3%吧,为了同你合作,我们愿意做出牺牲,您看还有什么问题吗?"

客户:"问题……暂时没有了。"

销售人员:"那可以签一份合作意向或者是直接签署一份订单吗?"

客户:"嗯,好吧。那就订一部分吧。"

销售人员对待客户的异议,没有马上摆事实讲道理,而是向客户连续提出了几个问题,引导客户自己回答自己,并且最终否定了自己"现在还不想买"的想法。

当然,利用提问处理异议,还是有一些细节需要注意的,我们根据人在面对异议时常见的两种状况——太含蓄和太直接,给出针对性的改进方式。

▶▶ 方法一:面对有异议的客户,提问不能太含蓄

在推销活动中,很多客户提出的异议只不过是用来拒绝销售人员及其推销的产品的一种借口而已,有时候甚至连客户自己也无法说出有关异议的真实根源。客户异议根源的不确定性,为销

售人员分析客户异议、排除成交障碍增加了困难。但是这个困难必须要解决，最好的方法就是直接一些的提问，也就是提问不能太含蓄，太含蓄就给了客户继续寻找借口的机会。

如同上面例子中销售人员的第一问，"既然产品很好，您为什么现在不买呢？"这就是直接的问法，没有遮掩，但也不激烈，让客户必须心平气和地面对这个问题。

在直接向客户提问时，有一点必须注意：应该直接针对有关的客户异议，而不能询问其他的无关问题，以免无事生非，弄出更多的有关或无关的异议，导致成交受阻。

▶ 方法二：面对有异议的客户，提问不能太直接

直接向客户提问，不能太过。太直接了如同逼迫，等于无礼，客户是不会在感觉到言语冒犯的情况下还愿意合作的。比如，上面的例子中，如果销售人员的第一问是这样的，"产品好你为什么不买？"或者"产品好就赶紧买呗，你犹豫什么？"客户如果听到这样的问话，结果不用猜都知道。我就遭受过这种伤害，对方销售人员气势逼人，我实在看不惯他的嘴脸，就回了一句："我就是不愿意买，你能怎样！"然后头也不回地走了。

因此，销售人员绝对不能直接冒犯客户，要讲究文明礼貌，讲究提问的用词、语气、手势、动作、态度等，要使客户感受到销售人员的真诚，感受到自己是被尊重的。只有诚心诚意地询问客户，客户才会愿意说出异议的根源，或者愿意借助销售人员的分析找到异议的根源。切记：不可厉声责问客户或故意嘲弄客户，否则，一旦激怒客户，就无法有效地促成交易了。

1.5
提问比陈述更容易让客户接受

销售中最常见的方式是陈述式。以某商品为陈述中心，以对商品的了解为陈述依据，以语言描述商品为陈述过程，目的是让顾客接受该商品，将这件商品销售出去。也就是说，在陈述式销售的过程中，销售方是讲述者，顾客是受听者；销售方是主动方，顾客是被动方。话语权掌握在销售方那里，他们尽可能多地介绍产品的各种优势，顾客若有质疑，销售方会更加着力陈述，以期让顾客认可。

虽然看起来这种方式下的销售方占据了优势，该介绍的都说了，该驳斥的也没留着，但顾客是否会买账呢？顾客心中的疑虑是否就此打消了呢？其实，在销售中，陈述是很容易引发逆反作用的，也就是引发顾客的逆反性心理。越陈述，顾客的质疑就越严重，因为陈述是建立在有一个明确的观点立场的基础上，然后所有的陈述都围绕着已经制定的观点立场。

比如，"这张可折叠的床性价比最高，可以当床，又可以当沙发"。看起来这是蛮不错的观点，但这种陈述却很容易被持有其他观点的人反对，他们可能会说："我家又不缺沙发，它能不能当沙发有什么用。"或者说："我家不缺床，就想要个舒服的沙发。"

此外，人们都想表现自我，在销售过程中更是如此。顾客在购买商品时，本能地就将销售人员想象成要对自己下黑手的"骗子"，自己必须时时刻刻小心才能打赢这场"仗"。有了这样的防备心理，如果销售方自顾自地拼命陈述，顾客自然会愈发戒备。

更重要的影响是，经常性地以陈述的方式进行销售，就会逐渐忽略了需要征求顾客的意见这一绝对不应该忽视的环节。比如，销售员对客户说，"下周我们可以对你们的应用系统做一个检测"，听起来是一个不错的建议，但给人的感觉却很不舒服，是在下达命令吗？征求过客户的意见吗？客户在感受到被强迫性推销时，通常都会采用强硬的态度进行回答："没必要，我们的系统一直很好。"

正因如此，优秀的销售员从来都不用陈述语句同顾客说话，他们改变策略，采用提问的方式，将自己想要说的话，从肯定句变为疑问句，想表达的意思没变，只是将主动权交给了顾客而已。不要小看这一点改变，却能让销售进入顺利模式中。

我们把上文两个小例子的陈述变成提问，看看能有什么神奇的效果。

销售员可以这样问："这张可折叠的床您觉得怎么样？是否想进一步了解呢？"

两句问话中，前一句告诉了顾客床的基本信息——可折叠，同时也在试探顾客的态度，是不是对"可折叠"这个信息感兴趣，于是第二句问话就产生了作用，如果顾客有兴趣，才能继续介绍，顾客如果没兴趣，就要转移目标了。

"如果你方觉得有必要的话，我方可以派人对应用系统做一次检测，我个人认为是很有必要的，当然还是得你方决定。"

虽然是肯定式的结局，但言语中却将决定的主动权交给客户。这种情况下提出的建议,对方还是愿意接受的。

由此可见,销售之时提问比陈述更容易让客户接受,也更利于达成交易。下面,我们以图表的形式对提问和陈述两种销售方式的差别进行总结,以便更透彻地理解(见图1-3)。

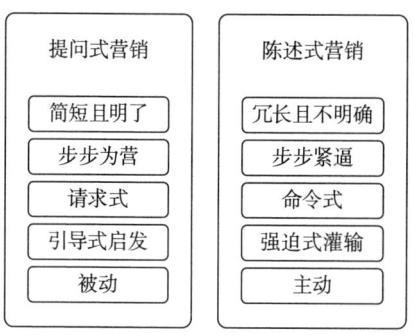

图1-3 提问和陈述两种销售方式的差别比较

总而言之,顾客不愿意听到销售人员长篇大论的陈述,因为他们不希望自己处于被推动、被说服的地位。因此,为了尽量减少顾客逆反心理的产生,销售人员必须要学会多提问题少做陈述。

方法一:不要陈述,让对方放下戒备的心理

提问与陈述对比,最大的优势就是不容易引发顾客的戒备心理。我们不必设想具体的场景,因为我们几乎都亲身经历过。比如下面的场景:

一次我去超市买洗衣液,正在挑选时,一位导购过来,向我介绍其中某一款。真是口吐莲花,嘴角飞沫。我实在不愿意听她说了,顺手拿起一桶蓝月亮装进了购物车。没想到,这位导购竟然说:"蓝月亮就是牌子响,功能根本不行,买过的人都不会再

买了。"然后又追过来，拿着她推荐的那款继续说，"这才是好东西呢！你回去一洗就知道了。你不信我的，就是上当。"

Oh My God! 我宁愿上当，也不愿"屈服"！在这种经历中，我们对一些销售员近乎强行地介绍推荐商品的行为总是很反感的。一是销售员突兀地介入；二是销售员不尊重顾客选择的状态；三是销售员自顾自地长篇介绍；四是销售员面对顾客质疑时不屑的反应；五是销售员对顾客看中的其他商品进行贬低时的嘴脸。

有了上述这五项，即便介绍得再到位、再全面、再漂亮，也全都无用，毕竟没人愿意陷入完全被动的交际中。

如果这位导购能以提问的形式与我进行交流，情况就会好许多；又一次去超市买洗衣液时，另一位导购就做得很好，她这样介入："您好，您挑的这款蓝月亮效果挺好，但我建议您应该多看看其他品牌的，优中选优嘛，您认为呢？"

谁听了这样的话会生气呢？反而会很自然地询问导购，其他有什么品牌不错呢？这时导购就可以顺势介绍她的主打产品，但还是要以提问的形式为主，以旁敲侧击的形式进行影响。就算导购的某些观点顾客并不认可，也不会引发后者的逆反心理和防备心理。

▶▶ 方法二：利用提问，满足顾客想要参与讨论的心理

销售看似是销售方的单方行为，采取什么样的销售的方式和策略是由销售人员来选择的。但是，真正的销售绝对不是这样定义的，销售是双方面的，需要销售方和顾客方共同参与，才能取得最好的效果。

顾客要如何参与呢？最好的方式就是提问，一问一答中，就可以满足顾客想要参与讨论的心理需求。

还以我买洗衣液的事情为例：

导购："您好，您挑的这款蓝月亮效果挺好，但我建议您应该多看看其他品牌的，优中选优嘛。您认为呢？"

我："嗯，说的是，还有什么其他好点的品牌吗？"

导购："根据使用过的顾客反映，这款××的不错，对皮肤没有伤害。您贴身的衣服也要用洗衣液洗吧？"

我："是啊，现在洗衣服不都是用洗衣液吗！洗衣液也确实比过去的洗衣粉好用。"

导购："那是一定的，洗衣液是对洗衣粉的更新换代嘛！您的眼光不错，蓝月亮的洗衣液就很好，最大优势是洗外套，尤其是男士西装，不褪色，增亮，增香，保护衣服纤维。××牌的对贴身的衣服效果极佳，不伤皮肤，尤其是小孩的皮肤。您有小孩吗？"

我："我有孩子。你是说这款不伤皮肤？"

导购："是的！其实这些洗衣液都不伤皮肤，但相对来说，这一款对小孩的皮肤有更强的保护作用，毕竟孩子的皮肤娇嫩。"

我沉默了一会儿，蓝月亮的也想买，××牌的也想买，后来干脆两种各买了一瓶，对皮肤更好的给孩子用。过了好多天，我仔细想了想这次购物经历，导购明显是利用了父母爱子心切的心理，将她要推销的主打产品进行了"对小孩的皮肤有更强的保护作用"的包装。并且从始至终，都没有强行向我灌输，而是以商量讨论的口吻跟我说话，再时不时地夸我两句，我就欣然接受了。

商人就是可以商量的人。销售人员就是商人，就应该和顾客进行商量讨论，而不是一味地灌输。其实，灌输十句的效果，也赶不上让顾客参与讨论一句的效果，因为有效互动永远是最能达成协议的方式。

1.6 好问题能引导客户参与销售

销售上有一项很高明的策略,就是让客户参与进销售。让顾客参与进来使他们有一种主人翁的感觉,能使生意更容易做成。销售听起来蛮玄妙的,还很高深的样子,是不是很难做到呢?其实一点也不玄妙,也不高深,只要借助提问就能轻松做到。简单一问,客户就能放下戒备之心,欣欣然地参与进商品的销售中。

下面,我们通过对两种有效方法的解读,来具体阐释如何借助提问让客户参与进销售。

▶▶ 方法一:借助一件"意外",出其不意地提问

场景:

1972年,达斯汀·鲍威尔在卖一项专利,当时他开的是一辆新的凯迪拉克。他通常会去潜在顾客家中接他们。当他和客户一起走向车子时,他会说:"我今天有些头疼,来的时候开车就感觉眩晕,您不介意帮我开会儿车吧?"客户当然会同意。

结果是:在客户开了一路到达目的地前,都会对鲍威尔说:"我也想买一辆这样的凯迪拉克。"对鲍威尔来说,这太简单了,从他这里购买专利后就能赚钱,然后肯定够他们买一辆新车的。

第1章 销售就要会提问

怎么样？从最初五秒开始，鲍威尔就让顾客参与到销售过程中来了。他通过提出"您不介意帮我开会儿车吧"这个客户难以拒绝的问题，让客户从身体上先参与进来。然后再让客户通过自己的感受发出感慨，他所要做的就是将客户的感慨和他要买的产品联系起来，送给客户一个巨大的希望，接下来等待客户迫不及待地签单就可以了。谁不想拥有一辆新的凯迪拉克呢？！

通常来说，推销产品比推销服务更容易让潜在顾客参与进来。但如果你发挥创造力，在任何情况下你总是有办法让别人参与进来的，对此你自己都会吃惊的。鲍威尔的创造力就是人为地制造一种"意外"的环境——他今天头疼，就可以很自然地向客户提出自己的要求，这个要求对于客户来说是出其不意的，也是难以拒绝的。当然，鲍威尔不会一直采用这个"意外"的，像他那样聪明的人，可以制造出很多种"意外"。你是不是也可以像鲍威尔那样，为你的客户制造一些"意外"呢？让客户被动地参与进来，却在主动中完成交易。

以下一些点子供你考虑：

请潜在客户帮忙安装写字板、投影仪或录像机；

向潜在客户要一些东西，如纸、笔记本、白板笔等；

请潜在客户帮你插电源或挪动点什么东西；

让潜在客户在你准备演讲的阶段参与进来，给自己更多机会和对方聊上几句或开个玩笑；

……

总之，让潜在顾客在行动上参与进来是销售过程中很重要的一点。即使你知道即便让客户去做这些事情，你也不一定能给客户留下多么深刻的印象，但还是要去做，因为不做就更留不下什么印象了。客户参与得越多，就越有一种做主人的感觉，也就越容易决定购买。你还应该留心客户发出的购买信号，如开怀大笑、赞许的话、多提问题、发出惊叹等。

因此，如果你想知道潜在客户对你的产品或服务的接受程度有多高，就应该及早、尽可能多地让他们参与到销售过程中来。

▶ 方法二：重复问同一句话也有好效果

对比方法一中的不断制造不同的"意外"场景和变换提出的问题，方法二显得木讷了一些，就是不断地提出同一个问题。但客户依然源源不断地主动参与进来，为什么会这样呢？我们看下面这个销售案例。

类似"买100送100话费"的电话充值卡促销形式，已经出现了很多年，基本上给大家的都是买赠形式，于是有人担心这种老套的赠送话费的促销活动是不是还对消费者有吸引力？有人则不仅仅是担心，还拿出了革新的方法，一个令人拍案叫绝的方法。

A是一个创业的年轻人，搞了一个非常有创意的促销方案，分享给大家。他这个活动的名称是："姓"福有礼活动期间，每天八个幸运"姓氏"（根据当地实际情况调查而制定），当天光临门店即有惊喜赠送！

惊喜一：来店即送！当天幸运"姓氏"顾客光临门店，即可凭有效证件获得优惠券一张，购买券上商品（不限额度）即可获得50元电话充值卡一张。仅限本人领取，每人限领一张！

惊喜二：购物满额再送！当天幸运"姓氏"顾客购物累计满100元，再送100元电话充值卡一张！

通过门店宣传、微信传播，加上抓住消费者希望"幸运"的心理，来到他门店的顾客络绎不绝。每当有人进门，员工都会问一句："今天您幸运吗？"顾客都笑呵呵地回答："幸运啊！"这些"幸运儿"在离开门店后，还会问其亲朋好友这句话，并解释这句话的来源，引得更多的人前来。仅仅一个中秋节期间，A就卖出了一年的房租费用。

这个活动创意很好，也很简单，就是一句话："今天您幸运吗？"来的人都是幸运的，没来的都等待着自己的幸运日。这是多好的感觉，怎能不与别人分享？于是这些"幸运儿"就无意识地参与进销售中，成为义务销售员和宣传员。由此可见，提问有时候不必太复杂，一句话起作用就可以了。

第 2 章

提问式开场白，30秒内提起客户兴趣

▼

销售过程中的开场白有很多种，但提问式开场白却是最有效的，可以瞬间吸引客户，几十秒内让客户的态度从"可有可无"转变到"兴趣大增"。

2.1

好奇性提问激发客户兴趣

好奇心理在人类中是很普遍的。人总是这样,越是被禁止的事情,越会引起窥探的欲望和尝试的冲动。这种现象是禁果效应的表现。心理学家很早就发现了人的这种心理特点,并且指出,如果能有效利用这一点去达到某些目的,要比常规途径既节约时间成本,又节省人力成本。

销售行业显然是利用人类此种心理特征最多的领域,只要销售人员懂得激起客户的好奇心,就能唤起客户对于产品的兴趣。怀有好奇心的客户会选择参与进销售中,反之则不然。

一位新手销售员在他工作的第一个月向上司解释为什么业绩不佳时说:"我能把马(客户)引到水边(商品),但是没办法让它(客户)每次都喝水(购买商品)。"

"让他们喝水?"上司急了,"让客户喝水不是你的事,你的任务是让他们觉得渴!"

显然,上司的观点听上去很有趣,却道出了销售的真谛:销售人员的工作是让客户自己去发觉购买产品的必要性,而这种必要性来自其好奇心的推动。这就要求销售人员在销售策略上做出改变,不能再试图通过罗列冗长的产品或服务的介绍来引起客户的兴趣,而是要在这么做之前先激起客户的好奇心,创造新的发现客户需求和提供价值的机会。

激发人的好奇心并不难，最简便的方法就是提问，比如："我能提一个问题吗？"或者"有件事情很紧急，能否面谈一下？"或者"猜猜怎么样了？"差不多每一个听到类似问题的人都不会置之不理。

上述三个问题都可以创造一个"迷你氛围"，这种氛围有助于销售人员获得客户的时间和注意力，为随后的产品或服务的价值陈述创造"销售氛围"。可见，需要怎样做来引起客户的好奇心决定了销售程序是继续发展，还是就此止步。那么，吸引客户好奇心的方法都有哪些呢？

▶▶ 方法一：只提问部分信息

销售人员若希望客户能主动想要了解产品的更多信息，就不要一开始把所有信息都告诉给客户，一定要有所保留。

一个完整的故事通常包括起始、发展、高潮、结尾四个部分，与客户交流也好像讲故事，只不过客户从一开始就抵制销售人员为其讲故事而已。但如果销售人员能够想办法在与客户沟通的开始吊起对方的胃口，就能更容易地将想要讲的"故事"讲完整。具体的做法就是在提问时只提出问题的一部分，留下一部分，相当于只提出起始、发展和高潮，保留结尾。

有位推销员，给一位采购经理递上一张纸条，上面写着："请您给我 10 分钟时间好吗？我想征求您的意见，因为您在这方面是行家。"这张纸条诱发了采购经理的好奇心——他要向我请教什么问题呢？

客户都是大忙人，不可能允许销售人员占据自己的时间，将产品或服务的相关情况（特点、价值、未来增值、费用比较、详细结构、升级系统、支持系统和质量保障体系等）都讲清楚。因为客户并不确定将要向他介绍的产品是他所需要的，所以就不愿意自己的时间被随意占用。这种状况占据绝大多数，销售人员必须要采取措施让客户愿意坐下来进行长时间的交流。案例中的推销员做的就很好，没有将自己的意图全部说出来，只是告诉客户自己想要征求意见，至于征求什么意见，就需要见面才能知道了。

当然，有一个问题必须要注意，就是利用客户的好奇心时，不要过分，更不能没有原则、不诚实。如果让客户发现销售人员是在耍花招，不仅没有好的效果，还会让客户心生反感，逐渐远离。

▶ 方法二：提出猜测性问题

场景：

一个小酒厂经营很不景气，距离倒闭不远了。一天，厂长又去各饭店推销，其中一家饭店的经理看他挺不容易的，就说："能不能让我先尝尝你的酒？"厂长答应着，打开了一瓶。立即一股芳香扑鼻，旁边的一桌客人闻到了，问道："这是什么酒啊？味道不错啊？给我们来两瓶。"饭店经理亲自给几位客人倒满，并说了这家酒厂目前的窘境。一位客人说："厂长啊，你的酒不错，但你的推销方式太差了。我给你出个主意，每家饭店你都送上两瓶，写上'猜一猜？这酒为什么这么香？'你看看会怎样？"果然，这种酒很快就成了当地的畅销酒。

同样的厂家，同样的酒，但是不同的推销方法，取得的效果截然不同。厂长的老方法就是死板的推销，靠自己介绍或者靠劝说别人尝尝的方式，没有人愿意浪费时间去尝，结果可想而知。而客人给的新方法就是激起客户的好奇心，"猜一猜"三个字会令人好奇，猜什么呢？接下来的这句"这酒为什么这么香？"，使得客户的好奇心进一步被激发出来。

方法三：提出刺激性问题

刺激性问题更有利于激起客户的好奇心，比如你这样对别人说："你知道今天发生了什么稀奇的事情吗？"这时候对方一定会很好奇地想知道到底发生了什么。当你告诉对方发生了什么时，对方也会很认真地听。如果不这样，而是直接告诉对方发生了什么，对方往往不会愿意听，因为没有听的欲望。

同理，销售人员提出一个让客户能够产生好奇心的问题，并且这个问题让客户感受到强烈的刺激，基于人性的本能，客户的思维就会转向这件有刺激性的事情。

场景：

销售人员："王经理，您现在接电话方便吗？"

客户："可以，你是哪位？有什么事吗？"

销售人员："我是×××软件公司的销售员，今天我特意打电话给您，是为了告诉您一个严重的问题！"

销售人员说的"严重的问题"就会让客户感到好奇，还会略带一点紧张，客户会想：到底是什么问题呢？严重到什么程度呢？

客户："什么严重的问题？"

第 2 章 提问式开场白，30 秒内提起客户兴趣

销售人员："王经理，昨天我们的技术人员对贵公司的电脑安装系统进行了一系列的测试，他们认为其中有很大的隐患，只是不知道当讲不当讲？"

客户："不要紧，你直接讲吧？"

第二波激起客户好奇心的问题袭来，告诉客户系统有很大隐患，却问对方"当讲不当讲"，就是在吊客户的胃口，让客户自己产生想知道的欲望。销售人员就可以继续讲下去了。

运用这个方法，有两点需要注意：

1. 刺激要到位，刺激在客户关心的地方。

2. 刺激不能太夸张。要确定客户的事情在某些方面确实发生了一些问题，若不能及时解决会造成不好的结果。若是问题没那么严重，却蓄意夸大问题，会给客户留下不良印象。

2.2 提出话题性问题避免尬聊

所谓话题性问题,是借助某一个或某一类话题,向对方进行提问,并能沿着这个话题交谈下去,获得良好的沟通效果。话题性问题往往适用于陌生人之间,彼此互不相识,展开对话的前提只能靠话题进行对接,因此,话题选对了,对方会很愿意继续交流下去;话题若选得不够得当,对方一定不愿意进行交谈。

话题性提问既适用于常规性沟通,更适用于销售性沟通。销售人员与客户之间的交流,一个攻,一个守,好像总是对立的。缺少经验的销售人员处理不好这种对立感,就无法同客户在交流中发展良好的合作关系。而有经验的销售人员懂得在交流之中想办法解除这种对立感,避免同客户在交流之中产生尴尬,甚至不愉快。

其实,想要消除这种对立感,一个很值得尝试的方法就是向客户提出话题性问题,好的话题能够让客户产生交谈的欲望(见图2-1)。

第2章 提问式开场白，30秒内提起客户兴趣

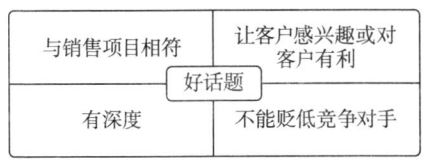

图2-1 好话题要达到的四个标准

1. 话题要与即将展开的销售项目相符，借此引出正式的销售话题。

这是非常重要的一项。话题再好，也要符合当下的情景，假如将要进行房地产的销售，却在开始阶段与客户大谈服装设计，就是不相符的。服装设计的话题谈得再好，也不利于引出房地产话题，即便强行引出，也会给人以突兀感和不适感。

2. 话题要让客户感兴趣或者对客户有利，以增加客户的内心愉悦感。

当人的内心感觉舒爽了，就会对接下来将要进行的事情放松戒备。让客户真心感到高兴，当销售人员将话题转移到正式销售话题时，这种高兴的心理会随之延续下来，继续作用到正式话题上，如此就对销售产生了有利的作用。

3. 话题不能太过肤浅，要具备一定的深度。肤浅的人才说肤浅的话，如果销售人员提出一个很肤浅的话题，即便让客户感到高兴，也不会引起客户的重视，毕竟没有人愿意跟肤浅的人打交道。

4. 话题不能刻意伤害或贬低竞争对手。销售是非常讲究职业素养的，那种为了个人利益而损人利己的人，是不会得到客户欣赏的。因此，聪明的销售人员在推销自己的产品时，从不会贬低对手的产品，甚至会抬高对手的产品。记住：打败强劲的对手方显实力，打败孱弱的对手不算本事。

通过上述四点总结，我们知道了话题应该怎样问最恰当。下面通过一个具体案例将这一方法呈现：

销售员W到一家单位推销月饼，找到了一位科长。

W："请问，你们单位需要订购月饼吗？"

科长："这事不归我管。"

W："那么，如果您是负责人，您会购买我们的产品吗？"

科长："你真会逼人啊！你们的厂家挺有名，月饼应该不错！"

W："谢谢您！那您能帮我联系到负责人吗？或者能否帮我引见一下？"

科长："这样吧，你去二楼的采购部，他们管这事。"

W："太好了，谢谢您！"

该案例中，销售员W在问了一句问话没有得到想要的回答后，并没有继续问对方"是不是考虑购买"或者"谁负责采购"，而是绕了个弯，借假定的场景（如果由对方负责采购）展开一个小的话题，犹如在和对方探讨月饼的购买前景，在得到对方肯定的回答后，销售员W便借机询问具体负责人，自然会得到想要的信息。

可见，作为销售人员，懂得利用提问来达到目的是何等重要。通过提问而不做陈述的方式能增加客户的参与意识，容易使客户与销售人员达成共识，帮助销售人员降低销售风险。

向客户提出话题性问题，还可以有以下几种方式：

▶▶ 方法一：问让客户骄傲的话题

每个人都有属于自己的骄傲，提起别人的骄傲之处，别人总会高兴地交谈,这是很多沟通高手常用的方法,目的就是让对方在沟通中得到精神上的愉悦。一个人只有由衷地感到开心,才会对接下来将要发生的事情越发感兴趣,甚至迫不及待地想要参与进去。

比如,一位销售人员知道客户的公司近两年发展得很快,就问:"您公司的生产规模有多大?"

这是客户心中的骄傲点和兴奋点,肯定愿意回答。一旦对方说出了答案,销售人员就可以与对方探讨更深入的问题了——"在您接下来几年的规划中,想要达到多大的规模呢?为了这个规模,是否需要对产品线进行整合呢?"

客户一定会讲出销售人员想要的信息,因为这个问题让他感觉骄傲,在骄傲心理和防备心理的争斗中,骄傲心理总会轻松胜出。所以,要尽可能地激起客户的骄傲,让对方开心地打开话匣子,就像下面这位推销人员做的这样。

销售人员:"您目前住在哪里?"

客户:"正义路。"

销售人员:"啊,那可是好地段啊!市政府就在那条街上,房价可是不菲啊!是您自己的房子吧?"

客户:"是啊,2005年的时候就买了。当时没想那么多,就是恰好碰上了一个机会,没想到现在房价这么高了。"

销售人员:"还是您有眼光,机会不是每个人都能把握住的。那套房子多少平方米?"

客户:"80多平方米。"

销售人员:"80多平方米可是不小的房子啦!尤其是在北京,还是那样的优质地段。您现在买房子的主要用途是什么呢?"

客户:"是给老人住,一居室就可以,地点别距离我太远。"

销售人员:"嗯,明白。您真是孝顺啊!"

客户现在的房子很优质,这就是他的骄傲点之一。销售人员紧抓这一点,既收集到了客户的信息,又缩短了跟客户的心理距离。

运用这种方法需要注意两点:

1. 要先知道客户的骄傲点在哪里。这是非常重要的前提,知道别人的"弱点",才可以针对性地出招。若是连对方的骄傲点都没搞清楚,就胡乱提问,不仅不会有好的效果,很可能会适得其反。

2. 喜欢高调的客户才可以用这个策略。要准确把握客户的性格,如果客户喜欢高调,就可以瞄准这一点大力出击。可是,如果客户为人低调,销售人员就不能太多提及客户的过往,最多是点到为止。

▶ 方法二:问和客户有共同点的话题

销售人员要想和客户谈得投机,双方必须要有共同感兴趣的话题,用以引起双方的"共鸣"。更准确地说,是销售人员主动寻找同客户的共鸣之处,以求引起客户的心理共鸣。

交谈的双方有了共鸣,才能愉快地沟通。其实,销售人员只要多加留意,就不难发现同客户间的某些共同点,或者在某些方面的相似之处。比如,双方的共同点可以是家乡、籍贯、毕业学校、家庭背景、兴趣爱好相同或相近,可以是共同认识某个人、共同在某类行业从事过……

场景1:

销售人员:"听口音您是东北人?"(寻找与客户的共同点)

客户:"是啊!"

销售人员:"您是东北哪里人?"

客户:"辽宁大连的。"

销售人员:"哦,我也是辽宁的,鞍山的。"

场景2:

销售人员:"我也买过这样的裤子,买的时候也没想到,腰上三个扣子,也是麻烦得很啊!所以,我不建议您买这条裤子。"(寻找与客户的共同遭遇)

客户:"就是啊,每次穿脱都需要好长时间。"

销售人员:"服装不仅需要好看,舒服方便也是很重要的条件。"

上述两个场景,虽然有些不同,但核心是相通的。无论是与客户的原始条件相似(如场景1),或与客户的后天条件相似(如场景2),都会与客户产生有话可谈的局面,这种局面就会让彼此产生心理上的共鸣。

全球闻名的销售及客服专家杰弗里·巴特莫曾说:"如果你找到了与客户的共同点,他们就会喜欢你、信任你,并且购买你的产品。"

2.3 问到客户熟悉的介绍人

提问是一种对话艺术,可以迅速抓住客户的注意力、兴趣和参与意识,将他们的思想集中到销售人员提出的核心问题上,为推销创造良好的开端。

有一个很好的方法,就是通过客户熟悉的人,进行提问的"暗度陈仓",让客户的熟人帮助销售人员拉近与客户的关系。

比如,销售人员可以说:"你们经理经常提到您,让我来找您,请问您有时间吗?"这样就会顺利地开始销售了。

来看下面的例子:

A获得了与××公司高层领导面谈的机会。在谈话过程中,A注意观察,仅仅几分钟的时间里,该领导三次提到了一个人的名字——项主管,领导还在最后告诉A:"此事可以与项主管详细洽谈。"

A如手持"尚方宝剑"一般找到项主管,说:"您好,我刚和贵公司×××先生(领导)谈过采购方面的问题,他说是您具体负责,让我和您详谈。您现在有时间吗?"

接下来的事情不用赘述,项主管一定会就采购的问题同A好好谈谈,因为A提到了他熟悉的人——上级领导。

提到客户熟悉的人,首先与客户产生一种亲近感,毕竟有了彼此间都熟悉的人。而且如果这个跟两方都有关联的人对客户来说又是很重要的人——上级、领导、好友、亲戚等,客户会考虑到更多人情的因素,无论如何也会坐下来同销售人员好好谈谈,这种状况是达成交易必不可少的前提,毕竟从未见哪一桩交易是在不认真、不渴望的状态下谈成的。

但是,有个问题必须要注意,就是不要让客户觉得销售人员是在用熟人压制他、绑架他,否则,会让客户对销售人员产生一种敌对情绪。因为,客户的熟人认可,并不代表客户认可。所以,千万不能以为认识客户熟悉的人这桩交易就十拿九稳了。一定不能忽略客户的感受,依然要将客户放置在主角的位置上。

"客户接近圈"是现代推销学上接近圈理论的一个概念,是指一种相互接近的人际关系。在现实生活中,每一个人都要按照自己的意愿,以自己的方式接近他人,形成一定的接近圈。处在接近圈以内的人之间相互比较理解,具有良好的人际关系。因此,优秀的推销人员懂得通过"第三者"这个媒介接近客户。

通过"第三者"接近客户的主要方式有信函介绍、电话介绍、当面介绍等。一般说来,"第三者"与客户之间的关系越密切,介绍的作用就越大,销售人员也就越容易达到接近客户的目的。因此,销售人员应设法摸清并打进客户的接近圈,尽量争取对客户有权威性的人士的介绍和推荐。

通过"第三者"介绍也有一些局限性,就是不能对同一位客户经常使用。因为不能排除客户是出于人情难却而同意与销售人员接触,并不一定真正对商品感兴趣。所以,第一次使用这种方法会起作用,再次使用就会令客户感到反感了。如果销售人员希望再次接近同一位客户,就必须充分发挥自己的能力。

另外还须指出,有些客户从一开始就讨厌这种被接近的方式,他们不愿意有人利用自己的友谊和感情做交易。因此,在不了解客户性格的情况下就贸然使用此法,说不定会弄巧成拙。

方法一:虚拟一个与客户相似的人

有经验的销售人员常用询问客户的爱好、关注的事情和兴趣点来推测和判断客户的需求。但很可能客户对销售人员的问题根本不感兴趣或者有些反感,该怎么办?比如,客户是来了解汽车的,不想听销售人员刨根问底,所以,一方希望搜集到有用的信息,一方却心不在焉,只顾着关心要买的车,这样的对话对销售而言没有任何意义。

其实,想要了解客户的信息,不妨设计一些技巧。可以先问一个直接的问题,再虚拟一个与客户类似的人,借此就可以接近客户了。

场景:

销售人员:"请问,您是律师吧?"

客户:"我不是律师。"

这里涉及两个技巧。第一个,销售人员不能直接问:"您是从事什么行业的?"这样的问话容易引起客户的反感,犹如警察审问一样。第二个,在等到客户的否定回答后,销售人员不要立即再次提问,而是继续保持期待的表情,面对这种情况,70%的客户都会接着说出自己的职业。

客户:"我是医生。"

销售人员:"我猜您是律师,是因为上周有一个客户提车的时候,介绍他的一位律师朋友,而且约的就是今天。您一进来,我看您的气质谈吐特别像,所以猜错了,您别介意。您购车的主要用途是什么?"

说这番话的目的有两个:第一个,给予充分的解释体现了对客户的关怀,有老客户交代了介绍朋友来,我们是很在意的,一直在热情地等待。第二个,展示了销售人员的实力,不仅有客户向我购车,我的客户还推荐朋友来我这里购车。

还有另一种情况,就是在客户说完"我不是律师"之后,面对销售人员的殷切期待却置之不理,那么销售人员可以再进行一次猜测,比如:"那您是工程师吗?"然后继续将话题交给客户,等待回答,如果客户仍然避免回答,就要放弃询问对方的职业,而转向其他了。但是,仍然要给客户一个为什么问这个问题的解释,如:"我的一个客户是工程师,他说今天介绍一位同事来看车,我以为您就是呢,您别介意。对了,您购车有主要的方向性吗?"

» 方法二:搞定客户的朋友

有些客户购物时,会有家人或朋友陪同。于是,经常会出现这样的情景:客户其实对某款商品比较满意,但同行的人却不认同,会说:"我觉得一般,再到别处看看吧!"

销售人员遇到这样的情况该怎么办?

一般的销售人员都会反驳客户同行朋友的观点,比如:"不会啊,我觉得挺好的。"或者"不管别人觉得怎么样,您自己喜欢就行了!"这样的回答毫无说服力,还会导致销售人员与客户的伙伴产生敌对心理,不利于营造良好的销售气氛。

其实,客户的同伴既可以成为销售的阻力,也可以是销售的助力。关键看销售人员会不会借力。销售人员要试着从以下四点来减少客户同伴对销售过程的消极影响：

1. 注意观察，准确判断。客户进店时，销售人员要通过观察其与同伴的亲密程度，来判断双方的关系。关系亲密对客户的影响大，关系不亲密对销售的影响小。如果有很多同伴陪同，销售人员就要判断谁是最重要的影响者。

2. 提前防备，展开影响。同样是对商品的溢美，销售人员说出来的话和客户朋友说出来的话，客户相信的程度是不一样的。在这一点上，无疑是客户的朋友胜出。虽说陪同人员不具有购买决定权，却有购买否决建议权。所以，销售人员也要关注和重视客户的同伴。方法有二：一是用目光交流；二是适当征求陪同人员的建议。

3. 巧用关系，相互施压。若是陪同者为客户推荐他认为合适的商品，销售人员可以借机对客户说："您的朋友对您很了解，也很有眼光，给您推荐的这一款，确实很合适您。"如此，就等于销售人员和陪同者站在一起，将对客户产生一些积极性的推动力，促使客户尽快成交。

4. 积极应对，征询建议。如果销售中客户出现了消极行为，销售人员就要想办法将陪同者拉为自己人，尽可能地征询其意见，比如对陪同者说："没想到您对我们的产品这么了解，对朋友也这么关心！您觉得什么样的产品适合您的朋友呢？我们一起给您的朋友挑选一款适合她的产品，行吗？"如此说话既赞美了陪同人员的眼光，又称赞了其对朋友的真诚之心，一定会赢得陪同者的好感。

2.4 提及客户的竞争对手

竞争对手是商业上回避不了的实际存在。每一家公司、每一个销售人员都会有竞争对手，同时，自己一方也是其他公司和其他销售人员的竞争对手。那么，在销售过程中是否要提及竞争对手呢？答案是不确定的。有时候一定要提起，有时候可提可不提，有时候又绝对不能提及。具体怎样区分这几种状况呢？其一，客户已经提起了竞争对手，希望假借对手来为自己争利益，那么，销售人员就不能不提了，而且要比客户更加积极主动。其二，客户反反复复地犹豫签单时，适当提及其竞争对手，有助于促使客户签单的决心。其三，客户已经决定签单了，交易眼见就要完成了，销售人员切不可一时得意提及竞争对手，这样一定会引起客户的反感，甚至会逆转客户签单的决心。

我们本节讨论的是提及竞争对手，所以，只针对如何提及竞争对手展开讨论。

场景：

销售员 A 费尽心力才约见到了××公司的高层负责人，为了让客户尽可能在意自己讲的话，他打算运用提及客户竞争对手的方法。

A："区经理，您好，很抱歉与您见面的时间滞后了。这段时间公司业务太忙，我前段时间一直在跟×××公司（客户的竞争对手）洽谈业务，他们对我给出的方案很感兴趣。贵公司的规模比×××公司要大，更需要一种有效的×××管理软件，我们也为贵公司制订了初步的软件设计方案，您有时间看看吗？"

客户："好吧，我现在有时间。"

A 很聪明，在明知道是客户方拖延不见面的情况下，却说是自己滞后了，目的就是为了引出其后说的在为客户的竞争对手做软件的内容。这番话是很出乎客户预料的，因为客户往往是做好了听销售人员长篇大论的准备，甚至已经做好了随时中断谈话的准备，却没想到 A 一开始就将客户的竞争对手说出来，毫不顾虑，客户听了一定会产生继续了解的欲望。

而且，提及客户的竞争对手，也能激起客户的好奇心理和好胜心理。毕竟是对手，对方的一举一动都会引发客户关注，客户会想：对手进行了怎样的运作？对手是不是还将有更大的动作呢？对手是否有针对我方的动作呢？我方应该采取怎样的应对策略呢？当客户有了上述的心理活动后，就一定会对销售人员提及的问题感兴趣。

》方法一：装作不经意间提及客户的竞争对手

有意识地提及客户的竞争对手是一种方法，无意识地提及客户的竞争对手是一种更高明的方法。

场景：

推销人员："先生，您好！"

客户："你是谁？有什么事吗？"

推销人员："我是××公司的，今天到贵地，有两件事专程来请教当地最有名的两位老板。"

客户："最有名的……两位老板？"

推销人员："哦……是这样，我知道您是权威，我是专门来请教您的。"

客户："哦！真不敢当，你说说是什么问题？"

推销人员："好的，谢谢您！是……"

客户："打断一下，坐下来说吧！"

这位推销人员用了一个小策略，在见到客户之初，特意说漏嘴，说来请教当地最有名的两位老板。客户听到"两位老板"就会莫名地想到自己的竞争对手。其实，客户对于谁在跟自己竞争是很清楚的，没有必要具体说出来，就起到了激起客户竞争心理的作用。这个案例中的客户就是如此，如果他想做更好的那一个，就要回答销售人员的问题。这就达到了与客户近距离接触的目的。

方法二：特意制造出一个莫须有的"对手"

冬天洗脸时，将手放入一盆凉水中是什么感觉？一定会马上抽回来。再将手放入热水盆中呢？依然会抽回来。当放入温水盆中呢？会感觉好舒服，所以你会选择用温水洗脸。这个比喻移植到推销中，将客户先置于冰水中，再置于热水中，经过这两种不好的感觉经历之后，再为客户端来温水，客户会很高兴地接受。

一个卖苹果的人大声吆喝着："5元一斤，便宜了。"虽然货真价实，但销售的效果并不好，最后少半车苹果都是减价卖出的。后来他仔细琢磨为什么很多顾客看了他的苹果觉得不值，宁愿去超市买高价苹果，发现超市的苹果和他的品种没什么区别，那么原因在哪里呢？

有一天，他开始了一种新卖法，把一个品种的苹果分为三份，第一份仍然卖5元/斤，第二份卖8元/斤，第三份卖3元/斤。顾客来时会问："你这三种苹果有什么不一样吗？"他就会说："当然不一样，一分钱一分货，8元的更脆更甜，这是超级品种；5元的就是常见品种的常见口感；3元的就差了一些，但也能吃。您要买哪一种？"顾客通常会看看贵的，再看看便宜的，最后再看看3元的，然后多数都会选择8元的和5元的。

最后算一算，这位小贩的生意会不会好一些呢？当然会，原本都卖5元一斤，最后一部分苹果还得贱卖。经过分份后，苹果的均价超过了5元/斤，因为有了对比，顾客的选购心理就有了倾向性，很明显8元的最有吸引力，5元的次之，3元的最不具备吸引力。因此这位小贩在8元和5元的卖得差不多后，就将3元的苹果分到其他两份中，反正都是同样的苹果，这样就可以卖更多的钱了。

小贩运用的方法就是特意为自己制造出一个"竞争对手"，然后将这个"竞争对手"推荐给客户，让客户在对比之后，自己分辨出商品的"档次"，而现实是这种档次原本是不存在的。

2.5 以谦虚和请教的方式发问

每个人都渴望别人的重视,只是很多人把这种需要隐藏在内心深处罢了。因此,只要有人说"能否向你请教一个问题?"时,几乎百试不爽,因为没人会拒绝被人请教,这是多么好的被人尊重的机会啊!

其实,这就涉及一个心理现象——好为人师。我们不妨想想自己,当别人向我们请教某一个我们精通的问题时,我们总会很愉快也很急切地向对方解答。因为在人前展现出自己的能力,是每个人都渴望的状态。于是,很多人就抓住了人的这一心理特征,在他人面前表现出虚心好学的状态,借此激起他人的表现欲望。一旦表现的欲望得到了展示,人的戒备心理就会立即降低,甚至消失。比如,A 对 B 有些不好的看法,不愿意同 B 过多接触,所以,B 如果以正常的状态同 A 交谈,A 的态度一定是冷淡的。但 B 以虚心求教的方式同 A 交谈,如"向您请教个问题,希望您不吝赐教。"或者"是×××介绍我来的,他说您是这方面的行家,一定让我来请教,您现在是否有时间?"任何人听到别人如此跟自己说话,都不会选择拒绝。

销售人员要专门与人接触,会遇到形形色色的人,但无论客户有何特殊性,内心想得到尊重的那份渴望是一致的,所以,聪明的销售人员懂得利用人的这一天性，展开对客户"温暖"却又不可抵御的进攻。

Y是一家面粉厂的推销员，在向一家"信记包子铺"推销时，屡次受阻，老板拒不接受他的面粉。

这一天，Y和同事Z来到包子铺，老板一见立即喝道："你怎么又来了！我是不会买你的面的！你赶紧走。"

Z赶忙说："您误会了，我们是来吃午饭的——Y说您这里的包子味道好。"

老板听了，态度有所缓和，说："既然是吃饭的，那你们要吃点什么？"

Z说："就是你们这里的招牌包子吧。来两份，再来两份紫菜蛋花汤。"

不一会儿包子和汤上齐，俩人有说有笑地吃上了。因为Y和Z的身份不同，老板额外留意他俩的举动。吃完后，Z走过来付账，对老板说："您的包子还真好吃啊！味道很特别，从来没吃到过。"

老板得意地说："那还用说，这是我家的秘方，不外传，你走遍全国……不，就是全世界，也找不出第二份。"

此后的好几天，Z每天都来吃包子，和老板的关系愈来愈熟。Z每次都以请教的语气打开老板的话匣子，请教的内容很多，但都是围绕着包子、饭店、旅馆这类的话题。有一天，老板和他聊天时说了一句："供应我面粉的厂家跟我合作很多年了，从来没给过我优惠价，最近竟然还要加价！说是他们的加工成本上涨了。岂有此理嘛？我是老客户了，怎么也得照顾下吧？我看啊，这家面粉厂的经营者也是个棒槌脑袋。"

Z听完眼前一亮，立即接过话说："就是，对老客户哪能没

第 2 章　提问式开场白，30 秒内提起客户兴趣

有特殊待遇呢！不然不就伤了老客户的心了吗？我们公司对待老客户从来都是最优惠级别的，虽然最近面粉的加工成本上涨了，但我们的老客户都没有涨价。我看您应该跟那厂家再谈谈，哪怕给您少涨点呢？您说呢？"

老板反问："你们那里的老客户都没涨价？"

Z说："没有啊！我们首先要保证老客户的利益。就是新客户也不能欺生，照比上期的市场价只有少许涨幅，现在的价位是××元××角一公斤。"

老板说："那把你们的面粉给我送五袋，我先试试。如果可以，就不跟原来的厂家合作了。"

生意就这样谈成了。虽然看起来是Z抓住了一个契机，但如果没有前期多日向老板请教作为前提，这个契机恐怕连出现的机会都没有——因为老板根本就不会如此"坦白"。而且，在契机出现后，Z的做法也非常稳健，他并没有立即向老板推销面粉，而是反过来劝说老板再同原厂家谈谈，这是欲擒故纵的策略，目的是让客户感受到Z的好意，有利于消除客户防备心理。最终，通过这一系列的操作，客户主动提出了要购入面粉。

可见，谦虚请教在销售中的巨大作用。销售人员要善于发掘客户的长处，不失时机地向客户请教。当客户感觉到了被重视、被尊重后，一切的问题就都好解决了。

向客户请教时，有两个问题需要注意：

1. 请教一定要从很具体的事情着手，而且是能让客户引以为荣的事情，这样才能让客户感到销售人员的真挚、亲切和可信。

2. 请教就会涉及"教"和"学"的问题，如果销售人员表现得很有悟性，让客户教得轻松，客户就会很快视销售人员为知己。因此，销售人员一定要认真听客户的讲解，毕竟请教不能只

流于表面，更要源自心底。

除了这两个问题要注意外，还有几个关联性的方法需要知道。

❯❯ 方法一："懂装不懂"，询问客户怎么看自己准备推销给他的产品

向别人请教，不一定非要在自己不懂的情况下，还可以在自己懂的情况下，装作不懂，将交流的主动权从表象上交给对方，以此打开对方防御的堡垒。

纽约布鲁克林地区的一家医院正在扩建，升级自己的X光科，由林德尔·施耐德大夫具体负责。不少生产X光设备的厂家都派出推销员来接触施耐德，希望拿下订单。但施耐德都不为所动。有一位推销员也找到施耐德，但他不是来推销的，而是……他这样对施耐德说："我厂最近自主生产了一套新技术的X光设备。但我们知道，它并非十全十美，我们想要改进，希望能得到权威专家的指点。您是这方面的专家，能否请您帮这个忙？只需要您在有时间的时候到我们厂里帮忙看看，并提出您的宝贵意见，使我们能形成较为完善的改进方案，我们将不胜感激。"

施耐德听着，有些发愣，这时销售员接着说："我知道您肩负重任，十分忙碌，我们不会占用您正常的时间，会在您指定的任何时间，派车来接您。您看可以吗？"

施耐德这时有些恍然大悟地说："这倒没什么，我可以去。不过，我也不是权威，你们在听了我的建议后，还要多方面考证才行。这样吧，这个星期四晚上，我去看看你们的设备。"

在施耐德看设备的那天，这位销售员也是陪同者之一，他向

施耐德请教了一些专业性的问题,最后,施耐德说:"你们的设备其实很不错,依然想要继续改进,说明你们的用心。作为医院,选用医疗设备,除了考虑设备的先进性外,还要考虑生产厂家的严谨性和责任心,因为设备中的每一个细节,都可能关乎患者的生死。你们的用心正是病痛中的患者所需要的,我决定从你们厂购买设备,等我回去提交报告,确定成交日期。"

作为生产×光设备的厂家,能对其生产设备没有了解吗?作为销售×光设备的销售员,能对其要销售的设备一点不懂吗?显然是不可能的,他们的背后一定有专业的技术团队和专家组作为支撑。但该销售员还是向客户提出了请教性的问题,而且请客户登门给以全方位指导。想想,这会给人带来多么大的荣誉感?难怪施耐德医生当场就答应了。而且在施耐德莅临指导的过程中,厂家予以前呼后拥的陪同,销售员施以声声不绝的请教,影响了施耐德的思虑,最终让其决定购入该厂的×光设备。虽然施耐德说了一些官样话,但聪明人都知道,是不断请教和对其尊重促成了这次交易。

》方法二:"以夷制夷"的高妙招数

请教是一种由低向高的沟通方式。也就是说,人们都会向比自己高明的人请教。因此,当你向别人请教时,就相当于在心理上认同被请教对象是一个比较高明的人,或者是一个专业人士,最起码是比你的能力要强的人。这样做会产生什么效果呢?来看一个例子。

汽车销售商M带着一位"大高个儿"客户看过一辆又一辆的车子,但客户总是不满意:这不适合,那不好用,价格太高……眼见着情况要向僵化发展，M便停止向客户推销，客户也认为应该先回家再想想。几天之后，另一位客户跟M说希望用他的旧车换一辆新车时，M就打电话给"大高个儿"客户，请他过来帮个忙，提供一点建议。

其实，经过那天的推销之后，M发现"大高个儿"客户可能对旧车更加感兴趣。将他叫来，除了要借机向其请教外，还想证实下自己的判断。

"大高个儿"客户来了之后，M说："您是个很精明的买主，也懂得车子的性能配置和价值。能不能请您帮忙看看这部车子（旧车），若是想买，应该开价多少？"

"大高个儿"客户的脸上泛起笑容，很高兴地先看了看车子的内饰，然后又看了底盘，又把车开了一圈。回来后说："如果有人能以×千美元买下这部车子，那他就买对了，你应该也不亏。"

"如果我以这个价钱把它卖给您，您是否愿意买它？"M问道。果然事情出奇顺利，这笔生意立刻成交了。

商人M才是真正精明的人，当他看出"大高个儿"客户的真实意图后，便停止了不适合的推销，而等着机会的出现。当机会降临，他也没有直接挑明，而是采用了请教客户的方式，让客户的内心充满了愉悦，这种愉悦感就是此次交易成功的关键。

请教相当于赞美，赞美他人的能力、知识等高人一等。赞美的方法运用起来并不难，效果却出奇地好。

▶▶ 方法三：向客户请教曾经的不易

真诚地请教，引导客户讲出多年奋斗的光辉业绩及优秀才能、独有专长,也是一把成功打开交际大门的钥匙。对于很多人来说,曾经的心酸对比现在的成绩,就是一种值得展现的资本。

保险推销员 H 去同客户谈生意,客户只给了他半小时时间,却不想俩人聊了两个多小时。他们在谈什么呢?为什么客户违背了自己的初衷呢?其实,他们谈生意的时间还是半个小时,其余的时间都是 H 询问客户过去的奋斗史,客户饶有兴致地讲述。客户说自己出身贫苦,离开家乡后,靠自己的努力艰苦打拼,如何立足,如何被骗,又如何东山再起。虽然客户讲得不很详细,但也非常动情。最后,出于对过往奋斗的不易,客户决定给自己的工厂购买一份商业保险。

选择奋斗的道路从不会一帆风顺,总会有曲折、有失败。凡是能挺过来或者正在挺着的人,都是有故事可讲的。那么,销售人员何不通过提问勾起客户对自己的艰难奋斗和人情冷暖的感慨呢?这不也是一种与客户展开对话的优质话题吗?既可以打开客户的心灵之窗,又可以趁机了解客户的性格品质。在客户讲述时,只要销售人员能用心聆听,就能获得对方的好感。好感有了,推销将变得容易很多。

好的销售都是提问高手

2.6 从客户最关心的利益问起

在购物时，客户总有属于其个人的最关心的利益，销售人员若是能找准客户所关注的利益，并主动将客户最关心的利益点问出来，彰显对客户的关心和了解，会让客户的安全感油然而生，从而达到成功的推销。下面这个很具代表性的案例，诠释了销售人员如何从客户关心的利益点发问，并且最终能达到什么样的效果。

销售人员："您孩子快上小学了吧？"

顾客愣了一下，说："是，下月就开学了。"

销售人员："小学是需要开发智力的阶段，您是不是很想提高孩子的智力？"

顾客："是啊，不过还不知道怎样做能有效。"

销售人员："我这儿有一套益智游戏，对孩子的智力提高很有助益。但您肯定认为给孩子买游戏会耽误学习是吧？"

顾客："这还用问，游戏能不耽误学习吗！"

销售人员："我们的游戏是专门为小学生益智设计的，和学习关联在一起，可以边玩边学，而且学习的新知识可以随时带入游戏中，在益智的同时，还复习了学习的内容。现在我为您演示一下可以吗？"

顾客同意了，很明显有一些好奇。

销售人员一边准备一边说："现在孩子摄取知识的渠道可不仅仅是书本了，计算机都可以远程教学了，世界级企业都运用游戏来筛选员工了，您也要跟上形势，为孩子建立起最好的学习途径。您看，游戏是这样的玩法……"

顾客渐渐被吸引住了。

销售人员趁热打铁地说："现在的孩子真幸福，处在良好的成长环境中，家长为了孩子的全面发展，都付出了很多。我昨天去过的几家都买了这种游戏卡，当父母的都希望将所有对孩子有利的产品买回来。"

结果已经很明显了，顾客一定会购买这套游戏。在本案例中，销售人员巧妙地运用了询问的艺术，其中最关键的一句"您是不是很想提高孩子的智力？"是客户最为关心的，一句话就能诱出客户的真实需求。接下来再问"游戏会耽误学习"这样顾客也会关心的问题，进一步激发了客户了解产品的欲望。然后一步步地循循善诱，激起了顾客的购买欲望。

其实，客户都关心什么呢？无非是商品的质量？商品是否真的有用？与其他同类商品对比后如何？商品的价格？是否有优惠？若能将这几个问题都和客户讨论清楚，还有什么会阻止客户买单呢？下面针对这几个问题，我们逐一进行讨论。

▶ 方法一：商品质量——没有最好，只有更好

现在有一个很先进的生产理念——极致理念，就是将商品的质量做到极致。但是，极致的定义应该怎样理解呢？其实，这个世界上永远不存在最好的商品，只有更好的商品，只要能将商品

做到前无古人,就可以称为极致。至于什么时候后有来者,那就是另一种极致了。

在销售中,客户有一个很明显的内心想法,就是要买到最好的商品。但真正的最好是不存在的,只有在某个价位内的商品做到了性价比最高,就可以称为最好了。因此,在客户关心产品的质量时,销售人员应该让客户知道,在他能承受的价格范围内,好的质量是怎样的。

比如,某顾客准备购买一台电脑,预算在4000元左右,可是顾客一直对一款台式机很感兴趣,爱不释手。销售人员应该怎样同客户交流呢?

销售人员:"您是希望电脑的功能越强大越好吗?还是希望电脑的使用年限尽量长呢?"

顾客:"功能一般就可以,我说过了主要是办公。至于使用年限,六七年就可以了,到时候再换。"

销售人员:"那您想要增加购买电脑的预算吗?"

顾客:"这个……不,还是这些钱。电子产品更新换代太快,多花钱不值得。"

销售人员:"我也认为您的观点是对的,电脑、手机只是生活中的一个工具,能用就好了,不用花费太大。您看,××款和××款就可以,使用六七年是绝对没有问题的。怎么样?"

客户是绝对不会不关心产品的质量的,既然是必定会出现,销售人员就要做好应战的准备,在客户表露出这方面趋势时,要主动出击,问出客户的关心,给予客户最合适的帮助,从而赢得客户的信任。

方法二：商品有没有用，视不同客户而定

凡是商品皆有用途，而用途也是客户很关心的一个方面。但每种商品对于客户是否有用，要视客户的需求而定，也就是说，并不是客户对每种商品都会有需求，也不是每种商品都适用于每一位客户。如果你认为这种状况客户应该明白，那就错了，很多时候客户并不十分清楚自己的需求，也不了解商品的特性，于是就会对销售人员提出这样的问题："我觉得这款比那款更适合吧？"或者"这几项功能有意义吗？"或者"你认为我适用这款吗？"对于客户这样的问题，销售人员应该怎样应对呢？

比如，可以这样回答："联想的这款电脑比苹果那款台式的合适，毕竟苹果的操作系统比较新颖，年纪大的人用起来比较不适应。您说呢？"这就是考虑客户的实际状况。

再比如："苹果手机不用装杀毒软件，这一点是其他手机不能比的，不仅省事，更关键的是安全。您也知道现在手机的用处太多，安全最重要。"这就是考虑商品的实际用途。

但是，在回答之前有两点需要注意（见图2-2）：

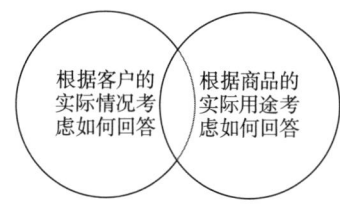

图2-2 回答商品用途时需注意的两点

方法三：一分钱一分货，告诉客户没什么好担心的

常会出现这种情况，两家产品外观看起来差不多，价钱却差了不少。客户了解后，肯定会问销售人员："看着和你们的差不多，价钱比你们便宜多了。"这种问题是一定要正面回复的，如果回避或回答不得当，会给客户留下欺客的印象。

作为销售人员一定要了解客户的心理，在相似商品之间比较，客户考虑更多的并不是那几十元钱的差价，而是多付出的钱是否值得。如果让客户觉得多付出的钱值得，客户多数还是更愿意购买品质好的商品的。其实，产品比较并不只是价格的比较，更重要的是品质与服务的比较。因此，要能找出自己产品的优点说服客户，以下的回答可以作为销售人员的参考："是的，这两种商品确实在款式上比较接近，很多顾客也提到这个问题，但是经过比较，大多数顾客还是会选择我们的产品。毕竟一分价钱一分货嘛！贵肯定有贵的道理，您可以自己来感受一下……（把自己商品的优势说出来）"

先承认客户的观点——与其他商品在很多方面确实有相似之处；再用一个转折说一分价钱一分货的道理，然后向客户展示出商品的优势，优势即卖点，让客户认可，多花一点钱也是值得的。

方法四：优惠应该及时告知客户

除了质量、用途、价格外，优惠也是客户很关心的问题。有些客户会很直接地询问销售人员是否有优惠？或者如何才能得到优惠？聪明的销售人员会利用这个机会，展开有方法的提问，告

诉客户如果多买一些,就可以给予某种优惠,例如价格折扣、提供新服务项目等。

场景:

销售人员:"如果您在我们这里大量购买的话,就会有一定的优惠,您要考虑一下吗?"

客户:"哦,都有什么优惠呢?"

销售人员:"是这样的,一次性购买两吨可以比分两次购买节省3000元,如果长期订购,还可以更加优惠。贵厂需要的量很大,可以考虑这个方案,您认为呢?"

优惠虽然是老套的方法,但却是很吸引客户的方法。所以很多商家对于运用此法乐此不疲,不断地变换优惠的方式,以激发客户的购买欲。当然,优惠必须口惠而实至,保证确有其实,绝不可以图短期利益,欺骗客户。

2.7 留言打开销售的大门

在电话销售中,常会遇到这样的情况,销售人员的电话被连接到客户的留言箱,一段留言过后,却从不见客户的回信。于是很多销售人员都将电话留言视为敌人,因为这项功能阻止了自己与客户直接交流的机会。

而相反的情况是,客户们则认为电话留言的功能好极了,可以帮助他们阻挡住很多推销电话,还不会耽误重要的信息接收,使他们的工作更有弹性,也更具专注度。

正因为这样本质上的差异,一些销售培训机构的讲师们对自己的"子弟"进行这样的技艺传授:当电话被转入留言后,不要留言,立即挂断,然后再次拨打,一遍又一遍拨打,直到客户那边有人接听为止,这样才能获得和客户直接交流的机会,有交流才有成交的机会。

这是我一位做销售的朋友告诉我的他所获得的宝贵"指点",是不是很"霸气",不管客户想不想跟我说话,我都能让客户跟我说话。但是,事实真是这样吗?我的朋友接下来也将苦恼跟我说了:"我按照这个方法,确实获得了很多跟客户交谈的机会,可是他们都不愿意跟我谈。"

我相信,我朋友遇到的苦恼,很多销售人员也遇到过,客户

第 2 章　提问式开场白，30 秒内提起客户兴趣

为什么不愿意跟他交谈？说实话，如果我遇到这样的销售人员，我也不愿意与之交谈，还会反问一句："没完没了地打进电话，是要进行沟通绑架吗？"

此外，还有一些销售人员也知道这种强迫接电话的方法并不妥当，就变换策略，改强迫为压迫，就是留下非常强硬的留言，比如："我已经打过四次电话了，您都没有回，我知道您很忙，但就忙到连回个电话的时间都没有吗？您这样做尊重别人吗？"或者："我们的货源非常紧俏，您如果不在三天之内给我回复，再想要进货恐怕就得等很久了。所以您最好抓紧时间，别错过良机。"

如果我们是客户，听到这样的留言，会不会回复？我是肯定不会回复了。

作为销售人员可以换位思考，思考客户为什么不回电话。对于商品交易的需求，客户的迫切程度并不比销售人员少，毕竟有了交易，生意才能进行下去。所以，如果是一条能够吸引客户的留言，客户是一定会回复的。如果是一条客户觉得不值得回复的留言，客户当然不会回复。所以，客户不回复，并不是不尊重，而是没必要。第二条留言或许可能让客户觉得有回复的价值，却冒犯了客户的尊严，难道客户只有一家合作商吗？即便是当时只有一家，就不可以再洽谈几家吗？所以，想要威胁客户进行交易，是绝对行不通的。

那么，要如何留言才能让客户心甘情愿并且及时回复呢？

▶ 方法一：给客户送去点悬念

（1）"章总您好，我是×××公司的销售员小 G，希望您在

时间充裕时能回个电话。"

(2)"章总在吗？我是×××公司的小H，有件事让我想到了您，能回个电话吗？"

如果你是章总，你会给谁回电话？毫无疑问，我会给小H回电话，因为我不知道他找我有什么事，不回个电话，心里不踏实。

这就是给客户送去悬念。让客户不知道究竟有什么重要的事情，只能回电话以求答案。

销售人员也会给老客户打电话。虽然给已经熟悉的客户打电话要比给陌生人打电话容易得多，但还是要设法争取客户的时间和注意力。所以可以试试这么说："喂，章总您好，我是小H。有件事很重要，必须跟您商量，希望您在今天给我回个电话，好吗？"

▶ 方法二：给客户送去点"人情"

场景1：

"林总，您好！我是×××公司的小T，您的朋友×××先生已经跟您打过招呼了吧，他告诉我您在这个领域是权威，一定能帮到我。希望您有时间能通知我一声，我去贵公司向您求教，给您添麻烦了，谢谢！"

场景2：

"柳先生，您好，是×××先生介绍我找您的，希望您有时间给我回个电话，添麻烦了。"

人情是最不容易推托的，只要掺杂进人情成分，客户就会不好意思拒绝，先不论交易能否达成，最起码回个电话是一定能实现的。

这两个场景都是利用人情，但因为身份差异原因，所用的语言和态度也有所不同。如果客户的身份很高，必须要有场景1的谦恭态度，不能指挥对方回复电话，而是只希望能得到告知，便于亲自去拜访。如果客户的身份不是很高，可以像场景2那样，但客气是少不了的。

》方法三：给客户送去点儿冲击

场景1：

"景厂长，我安排人明天上午给贵厂送去样品，希望您能提出宝贵意见？"

场景2：

"程先生，如果您对第三套方案没有异议的话，是不是可以成交了。那么，我下午带着合同过去，您有时间吗？"

通过场景中的展现，能够很明显地看出，这个技巧适用于已经接触过的熟悉的客户。在客户犹豫不决时，可以采用这个方法，要么客户及时回电话进一步沟通，要么就可能直接获得成交机会了。

第3章
建立信任，
信任是深入提问的前提

▼

客户有疑心，担心上当受骗是很正常的。优秀的销售人员需要打消客户的防备心理，建立与客户间的信任。可以说，有了信任才能深入交流，交流越到位，成交的概率就越大，而且日后的进一步交易也容易达成。

3.1 信任来自有意义的提问

信任是人与人之间沟通的唯一有效桥梁，无论销售人员采用什么样的策略，最终的目的都是要赢得客户的信任。

很可能有人会不解：采用策略了，如同跟客户耍心眼儿，还能让客户产生信任吗？难道当客户是傻子吗？我想说，如果谁将策略定义为：投机取巧、阴谋为上、藏奸耍滑、店大欺客，那就真的是无论如何也不会赢得客户的信任了。因为这样的定位跟信任本身就是矛盾的。策略不一定都是损人利己、于人不利的阴谋，也可以是真心实意、略施巧计的阳谋，阴谋损人，阳谋利人。试问，如果一个销售人员始终以为客户着想为出发点，客户如何会不信任呢？

有人又会问：和客户一条心，为客户着想，如何能卖出产品呢？卖出产品不就是说服客户将不想买变为想买吗？先不做回答，我就此反问：如果产品过硬，服务过硬，引导客户发现自己的所需，不强卖、不多卖，这样客户会不想买吗？谁会对一个自己真正需要的、优质的、价格公道的商品说 NO 呢？

说到说服客户。很多人对于"说服"这个词汇有根本性的误解，仿佛说服就一定是偏负面的，把正的说成反的，把黑的说成白的，这样才叫"说服"。这不是说服，这是欺诈。说服的本意是引导对方逐渐发现事物中原本存在的优点或好处，以便让对方接受另一种观点。运用到销售领域里，说服就是销售人员引导客户发现商品中确实存在的优点，并以此让客户产生购买欲，达到成功销售。注意到关键了吗？"确实存在的优点"，也就是在未说服前，客户没有发现商品的已有优势，通过说服让客户发现了。这种建立在真实存在基础上的说服，是一定会让客户产生信任感的。

因此，为了更深刻地认识到如何销售能让客户对销售人员产生信任感，我们进行总结，以表格形式表达（见表3-1）

表3-1　让客户产生信任感的三项要点

一、策略不能超越道德底线	二、说服不能偏离真实存在	三、真心实意为客户着想
·1. 道德底线适用于任何行业 ·2. 没有道德的销售，不仅不能长久，还会触犯法律 ·3. 不能急于求成，而忽略道德底线 ·4. 不能接受不良人士的劝说	·1. 产品要货真价实 ·2. 优点要与客户的需求契合 ·3. 不能随意篡改添加、编造产品的优点	·1. 真诚地为客户选择适用的产品 ·2. 将产品的不太适合之处如实相告 ·3. 不能随意改动价格 ·4. 不能蓄意强卖

其实，无论是门店坐销，还是业务动销，客户与销售人员之间一开始总会隔着万重山的感觉。即便是见过几次面之后，客户依旧难以信任销售人员。因此，想要消除客户的不信任心理，销售人员首先要做到的就是不欺客、不骗客，并且能够提出对客户有意义的建议，让客户感受到，销售人员是在为自己着想，渐渐地，双方就能建立起心灵的沟通，信任也就产生了。

那么，销售人员具体应该如何做呢？

第3章 建立信任，信任是深入提问的前提

▶ 方法一：提出有针对性的问题

这里的针对性，就是针对客户关心的问题或是当下正遇到的问题。销售人员提出这样的问题，客户一定愿意倾听，也愿意回答，如果销售人员借机提出一种可以帮助其解决问题的方法，客户会更加注意听取，甚至直接采纳。

场景：

销售人员："我今天来拜访您，是看到了《×××》杂志上一篇关于贵公司的报道。"

客户："哦？上面说了什么？"

销售人员："文章中谈到，贵公司所在的行业将会有巨大的市场增长，预计全年增长幅度为28%。贵公司作为本省该行业的领军企业，在享受这一利好的基础上，是不是也有压力呢？"

客户："是的，一线生产面临人手不足、订单押后的问题。"

销售人员："相对于行业平均水平的制造率——5台/人，贵公司的人均制造率是高一些还是低一些呢？"

客户："差不多就是这个水平。"

销售人员："仅维持在平均水平应该不是贵公司的目标吧？"

客户："是的，现在正在想办法解决这个问题。"

销售人员："提升制造率最好的方法就是升级制造设备，请问贵公司的制造设备还有可提升的空间吗？"

厂长："这个嘛……比较难，前几年整个行业不好，老设备没有及时更换。"

销售员："如果现在有一种制造机器可以提升百分之二十到三十的效率，价格还维持在市场均价，您愿意考虑一下吗？"

客户:"当然愿意,这是我们正在着力解决的,可以试试。"
…………

围绕客户关心的问题来提问,一定是最有效的方法。这位销售人员明确了客户的需求后,所有的问题都围绕着这个需求展开,有针对性地一步一步地将客户引导到对自己产品的关注之上。

方法二:为他人着想

您成功的秘诀是什么?这是记者数次追问约翰·皮尔庞特·摩根的问题,他们希望得到这位金融巨头成功的秘密,但摩根的回答总是很简单:"为他人着想,为对手着想。"

摩根的答案非常出乎意料,和人们的常规思维相反。人都是尽力先为自己着想,先把自己想要得到的都纳入规划之中,然后才有心情去考虑别人有何种需要。这样的想法不能说自私,只是正常人的正常思维而已,因为人难免会有这样的担心:都为别人着想了,那自己还能剩下什么,不是光做赔本买卖了?

其实,替别人着想,不是不顾自己的利益,把自己奉献出去,只是让我们不要把自己的利益放在第一位,去牺牲对方的利益。作为销售者,一定要有共赢意识,以共赢为基础,将客户的利益纳入到考虑的范围内,不让客户吃亏,客户是会记在心里,并且以长久的合作予以回报的。

场景1:

有车的前两年,我是绝对的小白。一次,因为忘记关闭大灯,导致电瓶没电打不着火,就叫来了刚认识不久的修车师傅。在等他来的过程中,我又尝试打了几次火,他来时恰好打着了。

第3章 建立信任，信任是深入提问的前提

我不知道算不算没问题了，就问他："已经打着火了，是不是开出去跑一跑就可以了？"他没有回答，而是反问我："电瓶不换，一旦路上突然坏了，车一下就没了动力，你怎么办？"我当时什么都不懂，一听就懵了，当即决定换电瓶。

我就这样被骗了，从此以后再也不去他那里了，更谈不上信任了。这就是人们常说的一锤子买卖，为了短期的利益，一句话就能将客户吓住，但能长期蒙骗客户吗？显然是不可能的！客户一时反应不过来，总有反应过来的一天。

场景2：

后来我换了一家修车行。我感觉方向盘有些沉，原地打轮时更沉，我担心会不会有一天彻底不动了，就问师傅需不需要换？师傅说："换也可以，方向机的助力泵有点问题，不太贵。但是没什么必要，这东西是机械驱动的，不存在彻底不运作的问题，而且只要车子开起来，就不会有什么感觉。我认为你暂时没必要花这份钱，你说呢？"听了这话，我心里立即踏实了，也感受到了他的真诚、不坑人，从此车子出现任何问题，都必须让他看一看，不然不放心。

同样是修车，两个人修出了两种境界。一种是为自己着想的低级境界，一种是为客户着想的高级境界。场景1的师傅一句话吓到了我，场景2的师傅一句话暖到了我，差距是何其大啊！

3.2 从客户关注的问题开始提问

在交易过程中,不同客户的关注点是不同的。有的客户最关心的是价格;有的客户最关心的是服务;有的客户最关心的是兴趣、爱好;有的客户最关心的是安全。销售人员在与客户面谈时,必须找出客户最关注的点,让自己的说明有个方向,才能说到客户的心里,逐步促使客户产生购买行为。

如何找到客户最关注的点呢?需要从了解顾客的购买需求开始。顾客购买需求分为:求廉心理、求实心理、求新心理、求名心理、求美心理、求知心理、求特心理等几种。如果在销售过程中能够利用顾客的这些心理特点,就能够很轻松地找到客户的关注点,并使之主动放下心理防备,实现交易成功。

场景:

销售人员:"我们这里有不同档次的空调,请问您想买功能强一些的还是一般性的?当然功能强大的,价格也会高!"

顾客:"我想买功能强大一些的,用来送人。"

销售人员:"哦,您可以看看这几个型号的……"

上例中,销售人员通过询问,了解到顾客对于商品的关注点,再有的放矢地向顾客介绍,这样推销成功的可能性就会大大增加。

第3章 建立信任，信任是深入提问的前提

客户的关注点，永远是销售人员最需要注意的、并及时跟进客户的关注点，为客户解除疑虑，帮客户择优选择，就能建立起与客户的信任关系。所以，乔·吉拉德说："关注客户的关注点，是很好的突破客户心理防线的方法。"

❯❯ 方法一：从客户需求的基本动机入手，找出客户的关注点

我们都知道，人的需求是分层次的，通常被分为五个层次，从生理需求到自我实现需求。人的购物需求也是分为多个层次的，其中最基础的为基本动机需求，就是购买商品最为基本的、最为原始的需求。比如，我要买一辆车，这就是基本动机需求，客户要买一辆车。

但是销售人员不能仅了解到这里就停止了。现在知道了客户要买一辆车，但客户为什么要买一辆车？不会仅仅是心血来潮，毫无原因吧？当然很少会因为这样的原因。那么，作为销售人员就要知道客户为什么要买一辆车。通常销售人员可以这样问：您为什么要买辆车呢？问这个问题的目的就是为了了解客户购车的具体原因是什么，具体用途是什么，也就是客户购车的最原始动机是什么。

作为销售人员切不可忽略对客户最原始动机的探查，因为只有了解到这种动机才能为客户送上最正确、合理的服务，这是与客户建立信任很重要的一步。

而客户的这个最原始的动机也是客户自身最为关注的问题之一，客户希望销售人员能充分明白其意思，不要产生歧义，以免对购买行为产生反面的影响。因此，为了能够将客户这个关注点

问透彻，销售人员必须进一步提问。我们仍以要购买一辆车的客户为例，销售人员可以提这样几个问题："你拥有这辆车之后打算用来做什么？""谁会成为这辆车的主要使用者？""当你开着这辆车子出去的时候，你希望朋友们怎样评价你？""这辆车子的使用环境将是怎样的？""最终会是由谁来支付这辆车子的购买成本？"

当客户把这一系列问题都回答完之后，作为销售人员在心里应该能把客户购买产品的基本需求了解得比较清楚了。这是每一个合格的销售人员必须要掌握的对客户基本需求的分析能力。

▶ 方法二：利用语言的能动作用，挖出客户的关注点

把握客户思维的有效途径，离不开交谈。而把握客户的实质关注点，是利用语言的能动作用，准确击中客户的软肋，让客户高兴地接受你的建议。

何为语言的能动作用呢？能就是能量，语言的能量；动则是变通，语言的变通性。综合起来解释，就是通过语言的变通性更好地展现语言的能量。

场景：

一对老夫妇来看一所房子，房间里的地板已经很破旧并且凹凸不平，老夫妇不由得皱起了眉头。来到厨房，看到里边的设备很多都生锈了，老夫妇眉头锁得更紧了。当他们走到阳台看到院子里有一棵茂盛的樱桃树时，老夫妇的眉头舒展了。

老妇人对中介人员说："这房子太破旧了，你看地板都坏了。"

中介人员已经注意到了这对老夫妻的表情变化，虽然对破旧

第3章 建立信任，信任是深入提问的前提

的房屋表示了不满意，但对樱桃树却表现出了喜爱，这样的关注点正是中介人员可以利用的。于是她对老夫妇说："这栋房子因为几年没人居住了，是有些破旧，但我们承诺可以给更换。其实这些都不是问题，搬家都得要收拾收拾。但这房子有其他房子不能比的地方，就是院子里这棵樱桃树，看它多大，多茂盛啊！夏天时在下面乘凉，摘些新鲜樱桃送给儿女和邻居，这样的生活多舒适幸福啊！谁不希望自己的生活充满了温馨和惬意呢？您二老说是不是这个理？"

"樱桃树"就是这对老夫妇对这所房子的关注点，也是中介人员说服老夫妇买下这所房子的关键点。作为销售人员，必须抓住客户对产品的关注点，通过语言的因势利导，对客户进行种种暗示，给客户一个购买的理由。

3.3

通过诊断性提问建立信任

销售人员的目标是建立可信度、增强竞争力和专业性。这个目标可以通过提出诊断性的问题来实现。

诊断性提问,也是通常意义所说的选择性提问。销售人员给出选择,让客户做出判断。比如验光师检查视力的时候,要拿出好几个不同度数的镜片给患者试戴,然后一边调换镜片一边询问患者:"这样是清楚一些还是更加模糊?"患者会给出答案:"这个更清楚一些"或者"这个比刚才那个模糊了",验光师根据患者的回答,最终调节出适合的度数。

在运用诊断性提问时,销售人员也如同医生一样,给客户提供选择,再通过客户的答案找出最适合客户的商品。一旦销售人员在客户心中树立了可信任的形象,成交的机会就会大得多。

场景:

销售人员:"您更喜欢小汽车还是SUV?"

顾客:"小汽车吧,因为更加省油。"

销售人员:"您想要四门的,还是两门的?"

顾客:"四门的更好。"

销售人员:"是私人用还是公司用?"

顾客:"私人用。"

销售人员："您想要运动型的还是传统型的？"

客户："这个怎么区分？"

销售人员："运动型是……"

这样的诊断性提问，给客户留下一个什么样的印象呢？多数客户都会觉得，这个销售不错，对我的需求挺关心的，没有一上来就开始推销。这样是不是就很容易赢得客户的好感了？

那么，还有哪些方法可以加深我们对诊断性提问的理解和运用呢？

▶▶ 方法一：了解客户的需求范围，明确客户的选择倾向

患者来到医生这里，是因为自己生病了，有治好病的需求。而医生为患者诊断病情，要从患者的实际情况出发，不能凭空乱下结论。同理，客户来到销售人员面前，是因为自己对某类商品产生了需求，希望买到如意的商品。而销售人员为客户推荐商品，也要根据客户的实际需要出发，不能盲目推销。

比如："您对房子有哪些基本要求？""您对这部车还有什么不满意吗？""这套书与另一套书对比，您认为有哪些不满意的？""您是想长期预订这项服务，还是中途会有变化呢？"等等。

这些提问的目的都是要了解客户对产品的需求，并将客户的需求框定到一个范围里。这样有助于销售人员掌握推销的大方向，接下来提出的问题可以将客户的需求进一步缩小到更小的范围内，从而更易于了解客户的具体需求。然后就可以重点从客户的需求处着手，指出该商品如何满足客户需求。

▶▶ 方法二：诊断出客户对商品的衡量标准

客户购买产品时在内心里所持有的衡量标准，也是客户判断一款产品是否符合其内心需求的基本准则。

比如，A 要找女朋友，那么他就必须要知道什么样条件的女孩子能够满足他的要求。于是，他列举出了七个条件，分别是：人要相貌漂亮、心地善良、细心体贴、孝顺父母、身体健康、受过良好教育、有一份稳定的工作。

可见，这七个条件就是 A 评价一个女孩子能否成为他女朋友的衡量标准。其实，A 要找的往往不是一个女孩子本身，而是这个女孩子身上所具备的一些独有特性。

同样的道理，作为一个消费者，在购买一个产品时，要购买的也不是产品本身，而是产品所具备的独有特性。要看产品的这些特性能否满足消费者的要求，这就是他的衡量标准。作为一名销售人员，要知道你手中的这些商品每一个都具有怎样的特性，还要了解你的客户需要拥有怎样特性的商品。将商品具有的特性和客户所需的特性完美契合起来，一定能打动客户的心。其实，这就是取得客户信任的过程，因为销售人员想要了解客户，并且真的了解了，会让客户感觉出销售人员的真诚。

我们以汽车销售为例，客户希望销售人员帮其推荐一款车子，销售人员就要问客户："您对这辆即将拥有的车子有哪些基本要求？"

客户就会告诉销售人员，希望这款车子能满足六个基本要求，分别是：外观看起来要大气稳重、用起来经济省油、空间要宽敞、乘坐要舒适、通过性要好、安全性要高。

客户的这六个基本要求就是其评价一款车子能否符合他购买要求的衡量标准。销售人员要铭记在心，或者是记录成文案从而给客户认真负责的直观感觉。

❥ 方法三：步步诊断，找出问题所在

销售人员要记住一点，客户不会无缘无故地提出质疑，肯定是有问题存在。因此，千万不要生硬或盲目地驳斥客户的质疑，而要想办法帮助客户找出问题所在。如果是商品的问题，就及时承认，给客户最佳的解决方案；如果是客户原因导致的误解，就及时帮助客户了解真相。无论是哪一种，都必须以服务客户为本，理智地看待问题，用专业的眼光诊断问题。

场景：

A是一家电机公司的推销员，他正面临着难题，在客户的车间里，一边被骂是骗子，一边被要求退货。

客户："你看看你卖给我的这些破烂，能烫熟人手。你要是要赖不退，我就要起诉你和你的骗子公司。"

A冷静地说："科尔先生，我刚才也摸了一下，确实是烫手。我向您请教一下：是不是任何电机在工作时都会有一定程度的发热，但只要发热程度不超过规定的标准就可以？"

客户："是的。"

A："规定中电机的温度可以比室内温度高出40～42℃，是这样吗？"

客户："是的，你想说明什么？"

A："我刚刚看了车间里的温度计，这里的温度是26℃，电机的温度不用达到规定允许的比室内温度高出40～42℃的峰值，

只需要高出三十几度,就会达到60℃左右了。这个温度的任何东西都会烫手吧?如果把您的手放在六十几度的水中,会不会觉得很烫呢?"

客户:"这个……嗯……是的。"

本例中我们看到,A之所以能说服客户,除了因为电机质量确实很好,还因为他利用了诊断性提问的原则,一步一步地将引发烫手的原因展现在客户面前。这种方法犹如医生为患者诊断病因,通过询问,了解患者发病的原因。试想,如果A不采用这个方法,而是从电机工作时温度一定会变高这一点同客户争论,恐怕很难让客户心服口服地承认是自己误会了。

因此,优秀的销售人员总会以提问的方式,让客户察觉到自己的问题,一步步引导客户承认自己对产品的需求或误解。

3.4 用专业性提问打造专家形象

销售人员是否具有专业性,是客户非常在意的一个方面。如果销售人员具有一定的专业性,就容易与客户建立信任关系,甚至都不用刻意做什么,客户就已经有了三分信任。如果销售人员不具备专业性,就很难与客户建立信任关系,因为说出的话和承诺的保障令客户难以相信。

场景:

我去药房买药时,总是比较相信一位销售员的推荐,因为她曾是医院的护士长,后因健康原因,实在承受不了医院的高强度工作,就提前退休了。第一次和她打交道,是我患上了脂溢性皮炎,想去医院却赶上工作忙碌期,只好在网上查了一些药,有中药、有西药、有外敷的、有内服的、有贵一些的、有便宜点的,我当时就懵了。

来到药房,我问她应该吃什么、抹什么。她看了看我的脸,问我如下问题:是初犯还是复发?出现多长时间?痒得严重吗?是不是有毛刺感?平时吃什么东西过敏?是否有荨麻疹病史?我一一作答,然后她说:"还好,不严重,是最近生活不规律导致的,吃点维生素B_2和B_6,再在患处抹维生素B_6软膏就可以了。过几天看看见不见效?"我答应着,花了不到十块钱买了她推荐的三种药，十几天就真的治好了，至今再没复发过。

看到了吧！多专业的提问，将我的病症问得很清楚，然后又给出了建议，也没有打包票，而是让我试试。这一系列的服务下来，让我莫名地产生了信任感。其实，当时我心情不太好，每每看到自己的脸就烦躁，既难看，又难受。可是，听了她的建议后，心情当时就好了很多，信心也增加了，因为从她的问话中我感受到了她的专业和对客户的关心。专业性对于客户而言是一种莫名的成交鼓励。

如何在客户心中建立可信度？可以在销售开始的阶段建立信用度，也可以在销售过程中，还可以在销售完成后（售后阶段）。无论是哪个阶段，销售人员都要为自己树立起专业的形象。

▶▶ 方法一：用丰富的专业知识提问

销售人员如果具有丰富的专业知识，更容易在客户面前树立专业人士的形象。正如销售专家安妮·马尔卡希说的："这是一个专家的年代。"作为销售人员，都还不是所在领域的专家，也就没有专家的权威。但专家也是由普通人一点一点修炼成的，他们不断积累专业知识，去粗取精，及时更新，终获成功。因此，安妮·马尔卡希说："今天的销售人员可能就是明天的权威专家。"

也就是说，作为销售人员要为自己设立一套专家养成的模式。首先要积累丰富的专业知识，其次是让这些知识发挥作用。具体运用的方式就是提问，将掌握的知识通过提问传达给客户，让客户感觉出在其面前的销售人员是非常具有专业性的。应该怎样提问呢？比如：

第3章 建立信任，信任是深入提问的前提

（1）"我能为您写下一份关于产品性能数据的简短介绍吗？这将对您了解产品的使用状况有很大的帮助。"——既展现了专业性，又表达了对客户的关心。

（2）"这套语法解析，老师们认为怎么样？适不适合高中生使用？有没有不足的地方？学生们的反应怎么样？"——没有直接问销量如何，而是从专业的角度提问。

❱❱ 方法二：用多元化的知识提问

销售人员除了要对所处的领域有丰富的专业知识外，还要掌握一些专业以外的知识，形成"多元化知识系统"。要知道，任何人都对懂得多的人怀有敬重，一个顶尖的销售人员一定是知识广博和充满智慧的人。

比如，在北京乘坐出租车，如果司机只知道路怎么走，对北京的文化历史知之甚少，乘客所提的问题也回答不出来，不仅整个路程是尴尬无聊的，司机也不会给乘客留下好印象。

但是因为职业特性所定，司机能够享有不怕让客户（乘客）不舒服的"特权"，乘客上车就是服务启动，到达目的地就是服务终止。销售人员可没有这种特权，如果让客户感到不舒服，就别想最终达成交易。

优秀的销售人员不仅掌握自己的产品，还应该对边缘产品和同类产品也有所掌握。当客户对销售人员说："你们的电动车没有××牌的性能好。"销售人员可以非常自信地回复说："你知道这个牌子电动车的主架和轮胎是从哪里来的吗？"这句反问就会让客户对自己的问题产生怀疑，当销售人员具体解释出对手商品的某些特点后，客户岂能不心服口服。

方法三：借助权威效应，为推销加分

权威效应，是指一个人在某个领域有卓越的成就，被人们认可和尊重之后所产生的一种光环性的东西。权威说的话做的事容易引起大众的重视，并让人们相信其正确性。在销售过程中，销售人员可以利用权威效应来影响客户，从而影响甚至改变客户的态度。

如果一个普通的人对你说，"你现在这个年纪吃一些××类的补品会大有好处"，你对他的介绍一定会心存质疑。但是，如果这个人是有头衔的，诸如××学会营养师、××年的诺贝尔奖获得者、××电视台美食节目主持人、××大学的教授，你会对他的建议作何感想呢？很有可能相信，然后照着建议去做了。

实际上，人们会相信××权威的话，首先相信的是他的头衔，其次才是他的话，这就是权威效应的奥妙所在。作为销售人员，虽然不一定是权威的身份，但可以借助权威来为自己的产品造势。就像广告请明星代言增加品牌效应一样，销售借权威助阵也可以增加产品附加值。

场景：

A是某超市的某款儿童奶粉的导购员，每当有顾客来购买奶粉时，A总会对顾客说："这个牌子的奶粉由国家著名奶制品专家×××和国家儿童生理安全机构教授×××联合主持研发的。奶粉的安全性是有绝对保障的，还对孩子的身体发育和智力发育有很好的促进作用。现在很多明星都为自己的孩子买这款奶粉，您也买回去看看，是不是和普通奶粉不一样？"

第3章 建立信任，信任是深入提问的前提

A的一段话里包含了一次权威效应——国家著名奶制品专家×××和国家儿童生理安全机构教授×××，和一次明星效应——很多明星都为自己的孩子买这款奶粉。如果你是顾客，听到这种推荐，会心生何感呢？

3.5 顾问式销售最容易赢得客户信任

顾问是一种职位，泛指在某件事情的认知上达到专家程度的人，他们可以提供顾问服务，顾问提供的意见以独立、中立为首要。也就是，顾问根据自己对事物的判断，提出自己的见解，见解一定对解决事物有着一定的作用。

在销售过程中，对话的进程决定了销售的走向。一般而言，在以客户为中心的顾问式销售流程中，包含着两个相辅相成的流程，分别是客户的"心理决策流程"与销售员的"销售行为流程"（见图3-1和图3-2）。

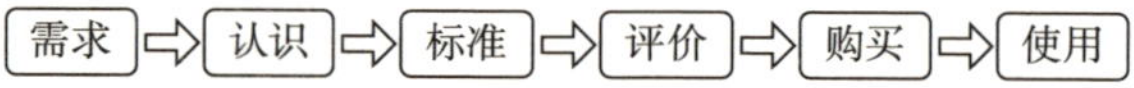

需求 ⇨ 认识 ⇨ 标准 ⇨ 评价 ⇨ 购买 ⇨ 使用

图3-1　销售过程中客户的"心理决策流程"

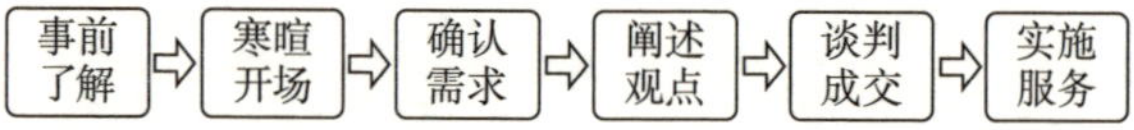

事前了解 ⇨ 寒暄开场 ⇨ 确认需求 ⇨ 阐述观点 ⇨ 谈判成交 ⇨ 实施服务

图3-2　销售过程中销售人员的"销售行为流程"

提问是顾问式销售的重点，通过专业性的提问，一点一点地解开客户心中的疑虑，以此缩小同客户之间的心理距离，使其产生信任感。

第3章 建立信任，信任是深入提问的前提

场景：

一位推销员了解到，某厂只有两吨载重卡车，便决定给该厂厂长打电话，推销四吨载重卡车。——客户有潜在需求，销售人员做事前了解

推销员："您好，我是×××重力公司的××，今天冒昧给您打电话，是有一些事情想向您了解，您现在方便吗？"——销售人员的寒暄开场

厂长："你好，你有什么事？"——客户认识销售人员

推销员："我了解到贵厂目前只配备载重两吨的卡车，是这样吗？"——销售人员确认需求

厂长："是的。"——客户目前的标准

推销员："请问，您在决定购进车辆型号时，是否留有余地？"——销售人员由此开始进行观点阐述阶段

厂长："你的意思是？"——客户由此开始进入产品评价阶段

推销员："什么因素决定买一辆载重卡车值不值呢？"

厂长："当然是看使用用途了！"

推销员："是的，但使用寿命也必须要考虑。一辆车如果买回来不久便经常出问题，是不是会影响工作？"

厂长："买的是新车，怎么可能轻易出毛病！"

推销员："我再问一下贵工厂运送的货物，每批平均多少吨？"

厂长："没有精确数字，一般不会超过两吨。"

推销员："也就是说，时多时少是吧？"

副厂长回答："是的。"

推销员："按照贵厂的出货量，两吨的卡车可以胜任。但您也说了，一般不会超过两吨，也就是说，您也不能保证就一定没

有超过两吨的时候?"

　　副厂长说:"嗯……这个不能。"

　　推销员:"即便是永远不会出现运送超过两吨货物的时候,是不是也要看车辆在什么路面上行驶。如果是在丘陵地区行驶,车辆所承受的压力就会比一般路面大。贵公司产品的销售地区,包括岭南,那里是大片的丘陵地带,运输一定需要更加注意才是。"

　　厂长:"是这样的。"

　　推销员:"贵厂冬季运货的次数比夏季多吧?"

　　厂长:"是的,冬季是旺季。"

　　推销员:"夏季车辆跑丘陵地带都很损耗车辆,何况是冬季,车辆又要承受更严峻的挑战,即便货物没超过两吨,而用两吨的载重卡车运输,也是有风险的。而且冬季又是旺季,货物量很可能就超过两吨一批,那时如果还用两吨的车辆运输,不仅违法,也十分危险。如果分批运送,会增加不必要的成本,客户也会感到不满。"

　　厂长没有回答。

　　推销员:"现在有两辆车,一辆总是满负荷运行,另一辆从不满负荷,您觉得哪一辆车的使用寿命长些?"

　　厂长:"我明白你的意思,你是希望我们能购进几辆载重更大的车吧?"——客户的态度转变,濒临成交

　　推销员:"是的,我觉得,贵厂很有必要购置几辆载重四吨的卡车。使用时间一定会超过载重两吨的卡车,而且一次性运送的货物也多,能给公司创造更多的利益。但我知道贵厂现在已经有十几辆载重两吨的卡车了,若是再购置几辆载重四吨的卡车,也是不小的负担,所以我刚才说的只是建议,希望您能考

虑!"——销售人员趁热打铁,促成成交。

厂长:"你说的很有意义,我认为应该购置几辆载重四吨的卡车,具体事宜还要商议,明后天给你答复。"——客户表态,成交在即。

案例到此,剩下的就是客户购买和销售方实施服务了。这就是一次很好的顾问式销售,销售人员如同一位眼光敏锐的高级顾问一般,从客户的实际状况和车辆的实际性能提问,引发了客户的潜在需求,并对潜在需求进行深入剖析,使得客户真正意识到了需求的必要性。

优秀的销售人员能够在适当的时候向客户询问非常细致的问题,使自己看起来像个专业顾问,帮助客户排忧解难,客户感受到了销售人员的专业性和真诚心,自然会报以信任。

一般来说,顾问式提问的方法主要分为以下五个步骤:

第一步,愿望提问

所谓愿望提问主要是销售人员针对客户心中的期望所进行的提问。这种提问可以激起客户的期望欲,还会帮助销售人员对客户的需求量体裁衣给出最合适的介绍,并帮助客户理清自己的愿望和购买思路。

以某销售人员对家长销售子女教育理财金的提问为例:

(1)"您为什么希望您的孩子受高等教育?"——最基本的愿望提问。

(2)"您希望将来孩子接受什么样的高等教育?"——进一步的愿望提问。

(3)"您希望孩子在国内还是国外接受高等教育?"——更加

具体的愿望提问。

(4)"为了孩子接受高等教育,您愿意准备多少资金?"——将愿望具体到实际金额。

此外,还可以通过反问的形式,对客户进行愿望提问,比如:

(1)客户:"这种投资的回报率怎样?"销售人员:"您希望得到多高的回报率呢?"

(2)客户:"这栋房子的面积有多大呢?"销售人员:"您想要多大面积的房子呢?"

》第二步,障碍提问

所谓障碍提问,是根据目前影响客户期望值实现的一些不利因素,对客户进行的提问。这些障碍因素不能回避,必须及时问出来,才能打消客户的疑虑。

仍以某销售人员对家长销售子女教育理财金的提问为例:

(1)"您知道孩子接受高等教育每年大概需要多少费用吗?"——为障碍提问做准备。

(2)"到目前为止,您已经为孩子准备了多少高等教育基金?"——障碍提问的前提。

(3)"既然孩子接受高等教育如此重要,为何到现在还没开始做准备?是什么原因妨碍您提前准备呢?"——具体的障碍提问。

(4)"您计划在未来几年里备齐这笔资金?您有把握吗?"——先听取客户最能解决障碍的想法。

(5)"对孩子的高等教育基金,您现在有什么其他计划吗？"——销售人员为阐述自己解决障碍的方法做准备。

（6）"那么，您想听听我的建议吗？"——销售人员阐述帮助客户解决障碍的方法。

有些客户之所以最后放弃购买，并不是他们不需要，而是没能意识到自己是需要的。根本原因是客户对阻碍自己达成某种想法的障碍没能充分认识到。就像案例中的家长一样，的确有障碍在影响他积累孩子的高等教育基金，但他没能意识到，就更谈不上想办法去解决这个障碍了。销售人员的作用就是通过障碍性提问，让客户认清自己所需要解决的问题。

第三步，后果提问

不是所有客户都会愿意接受销售人员的建议的。准确地说，是大部分客户都不会一开始就接受销售人员的建议。因此，销售人员就要让客户明白，如果目前的现状得不到解决，会出现怎样更严重的问题，这就是后果提问。后果提问可以问客户情形，也可以问客户感受。

仍以某销售人员对家长销售子女教育理财金的提问为例：

（1）"如果您的孩子成绩很好，完全有能力上理想的大学，甚至出国留学，那时您却发现自己没有准备足够的钱支撑孩子进一步学习，孩子将会面临怎样的问题？您一家将会面临怎样的问题？"——情形型问题。

（2）"如果有一天您的孩子问您：他的同学考试没有考好，但是同学的爸爸拿了一大笔赞助费让儿子出国留学。您能为他出这笔留学经费吗？这时您将如何回答孩子呢？"——感受型问题。

相对于情形型问题，感受型问题的作用更大，会帮助销售人员了解客户对产品或服务所产生的心理反应，从而让销售人员超越单纯的表象得以了解客户的情感状况。最好的一种情况，可以将情形型问题和感受型问题结合起来，给客户的心理更大的震动，比如：

"如果您的孩子成绩好却因为您的财力不够而上不了理想的学校；如果别人的孩子成绩不好却因为家长拿出资金而得以出国留学，作为家长您的感受是怎样的？您要如何向孩子说明呢？"

》第四步，美景提问

美景提问也是对未来美好的假设。此类问题的威力在于能够激发客户的想象力，让客户产生对美好未来的憧憬，从而激发客户产生新的观点，对购买产生向往。美景提问是销售人员针对客户在解决问题之后所产生的不确定心理而进行的提问，也就是打消客户的疑虑，促使客户尽快下定解决问题的决心。

仍以某销售人员对家长销售子女教育理财金的提问为例：

（1）"如果您的孩子成绩很好，考上了理想的大学，而您也准备了足够的资金，那时将是怎样美好的情景呢？"——解决问题引发的直接美好愿景。

（2）"当您的孩子圆满完成学业后，他的前途将是多么光明，您和夫人会不会感到欣慰呢？"——解决问题引发的间接美好愿景。

谁不希望自己的生活美好如意、事事顺心呢？通过美景提问可以让客户想象问题解决之后的情景。一旦客户心中有了一幅美好的图景，自然就会为了实现这个美景而行动。

第五步，确认提问

通过前面的提问，客户已经意识到了自己所面临的问题以及这种问题得不到解决将会产生的后果，还有问题得到解决后将会得到怎样的美好前景。那么，最后一步就是销售人员要促成客户的购买行为了。因此，确定提问主要的目的是为帮助客户最终解决问题而进行的提问，这类问题常常是为了完成交易而提出的。

仍以某销售人员对家长销售子女教育理财金的提问为例：

（1）"我们来确认一下您想要定制的是不是这套方案，如果没有意见，您可以在下面签字。"——提出成交意见。

（2）"为了为您成功定制这个计划，我们需要向您了解一些个人资料，也包括您孩子的，您不介意吧？"——提出成交需要履行的手续。

销售人员进行确认提问时，一定要掌握实际状况，即进行确认提问时客户已经表现出了明显的购买迹象，而不是客户尚在犹豫时。

3.6
调整提问范围也能获得客户信任

很多销售人员提问时常会犯一个错误，就是过于关注在某一个范围内。比如向客户提问电脑的用途，就只问用途这一点，结果问来问去，也找不到客户的突破点。如果能调整一下提问的范围，如提问客户的工作、未来发展、居住环境等，客户的回答面也会增大，或许就能找到说服客户的机会。因此，销售人员一定要知道，提问的范围绝不可以一成不变，而要灵活变通。

以广告公司为例，策划师必须要把握客户的需求，才能有针对性地提出解决方案。如果对客户的需求把握失误，则会导致方向性错误，调研、文案、设计部门的功夫将全部白费。而把握客户需求最好的方法是通过提问获得客户尽可能多的信息。

场景：

策划师："您希望广告能做成公益广告的感觉，让观看者能够产生心理的震荡，是这样吧？"

客户："是的。不需要什么炫目的技术，就是以感情展现为主。"

策划师："表达感情的广告的确不需要太多影视技术，但需要有一定演技的人来展现，这部分也价格不菲。"

客户："这个我知道，但我们公司依然希望能节省成本，不用大牌，也能找到有演技的人。比如苹果有一则广告，孙女为自己的奶奶播放民国时期的老歌，唤起了奶奶失去的记忆。类似这样的就很好。"

策划人："嗯，好的，我们会尽全力来策划广告的故事性。可以冒昧地问一句，贵公司的预算是多少？"

客户："这个还没有具体数额，也要视广告的最终方案和效果而定。"

策划人："那么，大概的范围应该有吧？若您能告知，也方便我们的策划工作，您说是吗？"

客户："好吧，大概在……"

这位策划人非常聪明，在问了客户与策划选题相关的问题后，就将问题引向了预算，扩展了提问的范围。虽然预算对于客户是敏感的问题，也找了理由要回避，还是被策划人问出了预算的范围。有了预算的范围，也是了解客户需求的一个切入点。因为人人都知道，花多少钱办多少事的道理，如果客户给出的预算范围够高，说明客户对广告非常重视，有不惜代价的意思；如果客户给出的预算范围偏低，说明客户对广告的期望值一般，很可能是"有就比没有强"的心理。当了解到客户的不同心理想法之后，再与客户进行沟通，会更快地令客户感到满意，也会更容易与客户建立信任关系。

可见，在与客户沟通时，及时调整提问范围对于销售成功有着多么重要的意义。那么，调整提问范围的具体应用有哪些方法呢？

▶▶ 方法一：扩大客户对商品优劣的感受

客户对商品是一定有所感受的，这一点是不论喜不喜欢、需不需要、想不想购买的。这种感受主宰着客户对商品的购买欲，如果对商品的感受好，即便暂时不需要，也想要购买；如果客户对商品的感受不好，即便很需要，也不想购买。正因如此，优秀的销售人员会想办法扭转客户对商品的感受，一个很聪明的办法就是扩大客户对商品的感受，借此将客户原本对商品不好的感受冲淡。

此办法可以这样理解，原本客户对产品的不满意程度达到了6，而对商品的满意程度只有4，那么客户就没有购买欲望。现在将客户对商品的感受范围扩大，加入很多其他方面的内容，这些内容也可能增加客户对商品的不满意程度，但也会增加客户对商品的满意程度，只要销售人员善加引导，一定会让满意程度大于不满意程度。也就是客户对商品的不满意程度可能增加为8，但对商品的满意程度可能增加到12，如此就是满意程度大于不满意程度，客户的态度就会转变。

场景：

A向一位身材丰满的女士推销一款减肥产品，但说了很多，女士仍然犹豫不决。A从包里拿出两张白纸和两支笔，说："小姐，咱们一起分析一下。请您写出买下此产品将给您带来哪些痛苦，我就写出您买下此产品能给您带来哪些好处，然后咱们对比一下，行吗？"女士一直拿不定主意，就没有回绝这个建议。想了很长时间，女士只写下三项痛苦，而A则写出了十种好处。拿着这份对比单，女士终于下决心购买，因为这十项好处真是太吸引她了。

其实，只要销售人员愿意尝试这个方法，就不难发现，客户通常写出来的抗拒、坏处、不足或痛苦，基本不会超过3~5项，而销售人员写出来的好处至少也有8~10项。这是一个心理博弈

第3章　建立信任，信任是深入提问的前提

的结论，因为客户在并不确定是否购买时，就难以专心思考，自然就无法写出产品太多不好的地方。而销售人员则很熟悉自己产品的优点，能写出的优点自然就多。

运用这一方法需要注意以下四点：

1. 只能在客户犹豫不决时使用。客户犹豫说明客户对销售人员或其销售的商品还缺乏信任，这个方法有助于提升客户的信任感。如果客户对商品根本一点购买的意思都没有，这个方法只能起到反作用，要么被直接拒绝，要么客户会（不切实际地）写出很多条购买商品后的劣势。

2. 一定让客户写购买商品后的劣势，销售人员写购买商品后的优势。让客户写购买商品后的劣势，等于向客户表明不影响客户的判断，会让客户放松心态，获得客户的好感。而且此时的客户因为犹豫不决而难以凝聚心神，即便让客户写购买商品后的好处，客户也不可能写上来，如果客户看到商品没有几项优势，就更不会购买了。

3. 产品要保证质量，好的评价要真实可信。销售人员要写客户购买产品后的优势，那么商品就必须要具备写出来的那些优势，不能虚假宣传，欺骗客户。

4. 在客户写完购买后的劣势后，销售人员必须问一句："还有其他的问题吗？"客户通常会说没有。看似例行公事的一问，却能再一次获取客户的好感，让客户感受到销售人员的真诚。

待到购买商品后的优势和劣势各自展现出来后，销售人员就可以信心满满地对客户说："女士/先生，您是不是觉得我们的产品给您带去的好处要比坏处多很多呢？"在客户惊讶和赞许的表情中，销售人员可以直接把交易订单递给客户了。事实上这个方法就是将隐藏的"幸福"具体化，让客户能够"视觉化"，并产

生购买欲。

方法二：问问客户自身的情况

场景：

销售人员："您的成功一定不容易吧？其间一定经历了千难万险！"

客户："是啊！我出身贫困，从小饿肚子是常事，上高中时就开始打工，到了大学更是艰辛得不得了。我第一次创业时……"

当销售进展到瓶颈期时，销售人员可以问问客户自身的情况，当然一定要是客户感到荣耀，值得大讲一番的内容。通常以询问客户奋斗史的效果最好，客户讲述时往往充满了英雄主义气概和戏剧化的转变经过。

聪敏的销售人员明白，做一名好听众远比当演讲者要有用得多。因为每个人都有倾诉欲，客户自然不例外。

一个人在倾诉的时候，最容易放松戒备、敞开心扉，这时正是说服他的最佳时机。销售人员需要做的，就是激发起客户隐藏在内心的倾诉和展现欲望，让其在倾诉中渐渐拉近与销售人员的距离。

当客户滔滔而讲时，销售人员要放松而认真地聆听客户的讲述，并适时地表达一下对客户的经商锐气或辛苦经营的敬佩。不要多说话，更不要插话，只要神态认真，不时地点头，并抱以理解的微笑。如果客户讲的某些问题不是很清楚——尤其是精彩的地方，销售人员可以要求对方再仔细讲一讲，让客户明白自己是在认真聆听，而不是敷衍。

第 3 章 建立信任，信任是深入提问的前提

还有最重要的一点，就是不要对客户的讲述提出争议。不要太追究客户讲述的细节，因为这些讲述本身就与销售的产品无关，只是一种让客户打开心扉的方法，因此，要让客户连贯地、充满感情地讲完自己的故事。

第4章

问出需求，
只卖客户需要的价值

　　销售建立在需求的基础上，有怎样的需求，就会产生怎样的销售。了解客户真正的需求，提问是最直接、最简单、最有效的方式，可以准确瞄准客户需求的价值，为客户提供最到位的服务。

4.1 开放式提问，获取更多信息

开放式提问是指提出比较概括、广泛、范围较大的问题，对回答的内容限制不严格，给回答者以充分自由发挥的余地。现在的社交沟通中普遍都运用开放式提问的原则，既因为相互间不够了解，这种提问方式有助于了解对方，也因为对对方的尊重，让对方能够在轻松的感觉中畅谈。

与开放式提问相对应的就是封闭式提问，回答者只有两种选择，"是"或者"不是"，"行"或者"不行"，"可以"或者"不可以"，等等。提问者犹如警察审讯，被问话者感觉身心俱疲，尊严受损，因此，相对于封闭式提问，开放式提问是比较宽松、不唐突，也非常得体的交际方式。

既然这种交际方式如此有优势，很多人就将其扩展到其他领域中，其中应用最为广泛的当属销售领域。优秀的销售人员懂得为自己的客户制造出轻松交谈的氛围，而开放式提问恰恰可以满足这一点。开放式提问一般是请客户谈想法、提建议、说要求、找问题等。而且通过客户对开放式问题的回答，销售人员可以更多地掌握客户的信息和需求，这是促使交易成功的很重要的基础。

因此，能让客户尽情表达自己需求的问题就是开放式提问。

开放式提问根据提问的形式可分为三个分支(见图4-1):

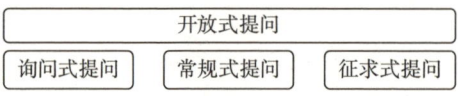

图4-1 开放式提问的三个分支

第一分支是询问式提问。即销售人员要单刀直入、观点明确地提出问题,使客户详细表述销售人员目前还没掌握的情况。如作为保险推销员,可以这样问客户,"您用哪些方法防御意外风险?""当意外发生时,怎样才能不影响正常的生活?"这常常是探知客户是否有保险意识时最先提出的问题。这些问题能引导客户发表一些自己的意见,推销员可以很容易从客户的回答中提取有效信息,获得更多的细节。

第二分支是常规式提问。提出常规式问题主要是为了了解客户的基本信息,因为很多客户都不愿意详细地告知基本信息,而作为销售人员有必要掌握这些情况,就像乔·吉拉德那样掌握每一名客户的信息,当然他掌握信息是为了借助这些信息给客户送去更好的服务。常规式提问的一个很好的方法是将那些常规性的问题制作成问卷,让客户很方便地在问卷上圈圈点点。这样就能更容易地全面了解客户的信息。

第三分支是征求式提问。通过征求型的口吻,让客户主动描述情况,讲出自己的想法、意见和观点。这种提问方式有利于了解客户的兴趣和需求所在。对于一些已经产生出结果的问题,销售人员应问问客户对实施的结果是否满意?是否有需要改进的地方?征求式问题有助于提示客户,也能表达销售人员的诚意,提高客户的满意度。

方法一：获取客户在产品方面的基本信息时可以用到开放式提问

客户购买商品通常都会有目的性，或者是很具体的目的性，或者是很笼统的目的性。比如，"以前用过联想和清华同方的电脑，这次想买苹果的，换笔记本试试"，这就是相对具体的目的性，想换一台电脑，笔记本的，品牌是苹果。再比如，"想买台式机，笔记本的屏幕小"，这就是相对笼统的目的性，想买电脑，台式机，品牌未定。

客户的目的性对于销售人员来说就是一种信息，销售人员要从客户所传达出的信息中提取最有价值的。但是客户从来都不会将所有的信息都说出来，就需要销售人员自己去挖掘，了解客户与所销售的产品应用有关的环境和信息。这就用到了开放式提问。

还以销售电脑为例，应当向客户了解：

"您以前使用什么牌子的电脑？"

"您使用电脑主要用途是什么？"

"您对电脑的操作熟悉吗？"

"您维护电脑的技术熟练吗？"

"您主要担心电脑哪些方面出问题？"

……

方法二：了解客户对产品的意见时可以用到开放式提问

客户对产品有不满或疑虑之处是一定会出现的，正确的做法不是要消除这些不满和疑虑，而是要主动让客户说出来。这也是销售人员了解客户对产品需求和意见的好机会，俗话说"知己知彼，百战不殆"，只有了解了客户，才能采用最正确的策略说服客户。而且，客户对产品的怀疑总是出现在购买阶段和购买之初，买回家用几天就再也没有疑虑了。这就是人的普遍不信任心理在作祟。因此，既然无可避免，就干脆敞开了面对，反而会带给客户踏实的感觉。具体应该问什么呢？下面列出一些常见的提示句，作为参考：

"您对该产品最不满意的地方是什么？"

"您在哪方面的顾虑比较多一些？"

"除了这一点，您还对哪些方面不满意？"

"什么原因妨碍您做出决定？"

"您的意思是购买这款产品后会不放心吗？"

"您的问题点是关于这款产品的安全性能吗？"

方法三：消除客户疑虑时可以用到开放式提问

你是否注意到了这样一种现象，即客户在同销售人员交谈、做体验时，各方面都很好，价格也谈好了，可在购买之前客户却打退堂鼓了。其实，发生这种状况还是因为客户心理潜藏的疑虑并未被消除，在准备掏钱的时刻，防备心理就占上风了。这个时候，销售人员千万不可以劝说客户购买，越劝，客户的心里越没底，越觉得不买的决定是正确的。这时，销售人员应该问客户："您觉得这款产品怎么样？还有什么需要了解的吗？"或者干脆站在顾客的角度上说："不着急付款，您还有什么疑虑可以问？"客户一定会将心里的疑虑说出来，因为客户的本意还是想买的，只是疑虑尚未排除罢了。如果销售人员有足够耐心，帮助客户排除了所有疑虑，客户一定会高兴地完成交易。

4.2 连续式提问,获得更多准确反馈

提问从来都是连贯性的,沿着上一个问题的思路引出下一个问题,再根据这个问题引出下一个问题,直至将想要了解的问题都问清楚。连续提问的目的只有一个,就是通过提问获得客户更多的反馈。客户反馈的信息越多,说明得到的信息量总体越大,从中能筛选出的有用信息就越多,从而获得准确信息的概率也就越大。因此,乔·吉拉德告诫销售人员:"想要获得客户的信息,没有什么捷径,只能靠问,连续地问,但也要有策略地问。"

那么,乔·吉拉德说的策略是什么呢?这就涉及连续式提问时必须要注意的一些方面,我们总结出来,供大家参考:

问题要简洁明了,确保客户明白销售人员的问题;

问题能把客户引向客户以往的经历上面(当然要先知道客户的以往经历是什么,并且是客户感到骄傲的经历);

问题要显得销售人员的行业知识比竞争对手更丰富;

问题必须新颖,促使客户思考;

问题能引起客户做有益于销售人员的思考;

问题能让销售人员获得更多的信息;

问题能创造有利于销售的气氛;

问题与客户的业务和客户的目标直接相关;

问题有一个确切的答案，从而可以自然过渡到下一个问题；当客户有问题时，销售人员会针对客户的问题问一个问题；最后，能问出最终成交的问题。

作为销售行业的从业人员，懂问、敢问、会问，三者缺一不可。能在这个行业做到优秀的人，一定是勤奋好学的。很多人在精进阶段都会选择动手加动笔的双重努力，他们在去拜访客户之前，会把想出来的问题用笔记下来。这些问题要包括客户的需求、客户的困难、客户的关心点等，当然也要列出能让客户对销售人员做出承诺的问题。

方法一："十万个为什么"提问法

日本丰田汽车公司，曾经用"十万个为什么"提问法，让问题得到彻底的解决。比如电闸上的保险丝断了，这么小的问题，也花不了多少钱，换上就解决了。但丰田公司彻底"追查"，于是"十万个为什么"登场。

问："保险丝为什么会断？"

答："因为电流太大超负荷了。"

问："为什么会超负荷？"

答："因为轴承不够润滑？"

问："为什么轴承不够润滑？"

答："因为油泵吸不上来润滑油。"

问："为什么……"

这样问下去，一定会找出那个让保险丝断掉的"罪魁祸首"。同样的道理，销售时也应该有这种"十万个为什么"的精神，只要还未掌握客户的信息，客户疑虑尚存，只要客户还未签单，就应该问，多问几个"为什么"，功效也一定是巨大的。道理在于，在销售中，如果销售人员能多问"为什么"，寻求客户更多的反馈信息，就能发现客户更深层次的需求。

▶ 方法二："为什么"不可以独用或滥用

销售人员向客户问"为什么"，可以得到客户反馈的信息。但是任何事都是有度的，一旦过了度，事情就会走向另外一个极端。

也许我们都还记得蔡明在 2008 年中央电视台春节联欢晚会的小品《梦幻家园》中的一段台词：

蔡明："您好，这里是梦幻家园售楼处，我是蔡小姐。"

张总："我是张总，我严重警告你。"

蔡明："为什么呢？"

张总："试用期两个月过去了，你有业绩吗？你卖出过一套房子吗？"

蔡明："为什么呢？"

张总："问你自己？"

蔡明："哦，为什么呢？"

遇到这样的员工，如果我是张总我也要被气死了。同样，在销售过程中，要求销售人员多问"为什么"，并不是要求销售人员一直只是问为什么，而要在为什么后面有具体要问的内容，这就是"为什么"不能独用。

再来看一个案例：

客户："我不喜欢这个帽子。"

销售人员："为什么您会不喜欢？"

客户:"样式不太好。"

销售人员:"为什么您觉得样式不太好呢?"

客户:"这个样式不太适合我的脸型?"

销售人员:"为什么您觉得不适合您的脸型?"

客户:"你怎么那么多为什么?没有为什么,我就是不想买,行了吧!"

  连续式的提问不是这样没营养的连续,"为什么"不能独用,后面要加上具体的内容,但也不是这样令人恼火的内容。这种问题,问了等于没问,客户已经说了"样式不太好",还要问"为什么样式不好",能得到客户什么有用的回答呢?如果销售人员这样问:"您喜欢什么样的款式呢?"或者:"您是觉得这个款式不好还是与您不太相配呢?"客户就会顺着问题展开回答。客户回答"不太适合我的脸型",这就是信息,销售人员就可以围绕这个信息展开攻势。

4.3
迂回式提问，在不经意间问出客户的真相

一个问题往往有多种提问的方式，可以直截了当、可以双向并举、可以借助外力、可以"迂回敌后"。本节我们要讨论的就是如何"迂回敌后"，问在彼，而意在此。

很多销售人员都会犯一个错误，就是在与客户沟通时，思维总是局限在当时的场景、对象、产品上，没有一点变通，虽然有时候讲述得也很到位，但客户却并不买账。原因在哪里呢？就是因为思维死板，而弄不清楚客户的需求，在无的放矢的情况下讲的再多也是无用的。

而优秀的销售人员却正好相反，在与客户沟通时，懂得灵活用奇，经常从侧面、反面等多个角度迂回地提出自己的问题，逐渐引导客户说出隐藏的需求。这个过程客户是处于"无感状态"，就是说客户并不知道销售人员是在搞迂回作战，目的是要探测出客户的需求，还要让客户主动完成交易。

面包店销售员 A 向一家饭店推销面包，她给出了价格优惠、服务上门、保证供应的承诺，但饭店经理以不需要面包为由拒绝了。

面包店销售员 B 接手了向这家饭店推销面包的任务，他并未直接找饭店经理推销，而是从其他渠道打听到该经理是一个名叫

好的销售都是提问高手

"全美旅馆交流会"组织中的一员,并且是活跃分子。了解到这个情况后,B无论是电话联系还是跟该经理见面,都绝口不提面包推销,而是跟对方谈论有关这个组织的情况,如"这个组织的规模""具备什么资格才能参加""该组织都举办哪类活动""我也想加入,您可以作为推荐人吗",等等。经理很愿意谈论这些问题,时间一长就和B非常熟悉了。

一天,B问经理:"光顾贵店的客户大多喜欢什么口味的面包呢?"

经理说:"我们的客人都是成功人士,而且年纪几乎都是中年以上,更喜欢传统口味的面包。我们也向客人推荐过一些新品,显然他们都不太'感冒',这些尊贵的客人不愿意将时间浪费在这上面,他们都有很强的生活规律,不会轻易打破的。"

B知道这个情况后,回到店里做了汇报。多日以后,当他带着口感超级好的传统口味面包向经理推荐时,经理频频点头称赞,当即同意交易。

很多时候,直接提出推销的要求很容易遭到拒绝,如果强行推销,会让事情愈发糟糕。但通过其他的通道迂回一下,可以借此拉近同客户的关系,令客户逐渐放下戒备心理。此时销售人员问一些重要的信息,客户都会如实相告,说出原本不愿意说或者觉得没必要说的真相。

当然,迂回也不是只有一种方式,而是应该根据不同的情况灵活变通地运用,因此,可以演化出多种多样的具体运用。但总归还是万变不离其宗,只要掌握了迂回的精髓,即从侧面、反面、对立面等多个方位,整体化、立体化出击,就能起到瓦解客户心理,获得更多信息甚至直接成交的机会。

方法一：旁敲侧击提问法

通过外界已有的条件或信息，来敲击客户的防备心理，让客户自己渐渐靠近销售人员，内心由"抗拒知道"变为"想要知道"，如此交易才能更易成功。

销售人员："您认为企业壮大的过程中，产品宣传营销重要吗？"

客户："当然重要。"

销售人员："据我们掌握的情况，贵公司的竞争公司引入了一种能快速扩大公司知名度的方法，您怎么看这件事情？"

客户："是吗？究竟能有多大效果呢？"

销售人员："有没有效果，过段时间自然可见。但是，如果等人家已经壮大起来了，再来追赶可就不容易了，形成了区域性的大鱼吃小鱼的局面，您的公司生存就会面临危机了。您想要看到这种局面出现吗？"

客户："这个……"

我们截取了对话的一部分，但可以想到的是，客户的心里一定是七上八下的，对方已经走在了自己前边，自己如果不及时跟进甚至超越，未来必定是糟糕的。这就是旁敲侧击才能取得的效果，通过对比让客户的心理产生波动，这种波动就是销售人员的可乘之机。

方法二：曲径通幽提问法

在销售中面临尴尬的局面并非少见，如何化解这种尴尬，考验着销售人员的功力。

场景：

一位女士买了两件衣服，因为导购员大意，只收了一件衣服的钱，眼见女士要离开了，如果直接去问，一定会让顾客失面子，可能还会引起不必要的争执，影响其他顾客选购。导购员走过去对这位女士说："不好意思，您买了两件衣服，应该有两张小票的存根，可是有一张存根不见了，是不是刚刚一起装到衣服包装里了，麻烦能让我找一找吗？"

话已至此，顾客什么都明白了，不会厚着脸皮同导购员争执的，一定会顺着导购员给的台阶走下来。但如果导购员采用直截了当的问法，"您好，您有一件衣服没付钱吧？"事实如此，顾客想赖也赖不掉，但势必会引发顾客的不满，毕竟是当着其他人的面，自己如同窃贼一样地被店家审问。可见，同样是问，技巧不同，取得的效果也会不同。问得聪明，不仅不会得罪客户，还会获得客户的感激。就像案例中的这位女士，会感激导购员给她留了面子。

▶ 方法三：败中求胜提问法

销售人员利用败中求胜的方式提问客户时，要把自己当作一个失败者，并以失败者的口吻探索客户犹豫不决或者拒绝购买的真正原因。而此时的客户会是怎样的心态呢？

场景：

销售人员："先生，和您沟通了这么久，我真的很失败，您的口才真好，我甘拜下风。不过，您能不能告诉我，我们的产品符合什么条件，您才会考虑购买呢？"

客户："这个嘛，是这样的……"

第4章 问出需求，只卖客户需要的价值

销售人员："原来是这样啊！这是我的原因，我没有给您解释清楚，请给我点时间，我详细给您解释一遍。"

客户的心中或多或少都会有占据上风的心态，在这种心态的支配下，客户很容易将犹豫不决和拒绝购买的原因讲出来。然后销售人员就可以根据客户真实的需求进行有针对性的营销了。这是一种以退为进的策略，应对那些疑虑心很重的客户非常管用。作为销售人员会面对各种各样的客户，根据客户的不同性格和做事方式，销售人员应该采用不同的营销策略。

4.4 聆听式提问,让客户说出难言之隐

很多人都认为营销人员一定都是口才了得,这当然不假,没有好的口才和应变能力,是做不了销售的。但还有一种能力的作用不比口才好的作用小,就是聆听。在销售中,会说话是一种能力,会听话也是一种能力。有人或许要笑了,听话还是能力?只要双耳不失聪,谁听不到别人说话呢?这是对"听"这种功能最原始的理解。人人都会听,但真正听到了什么呢?听到了别人的言外之意吗?听出了别人的话外之音吗?懂得什么时间必须要听别人说吗?知道倾听时必须要注意什么吗?倾听又能给别人带来什么感觉呢?你的倾听要怎样才能让别人心存感激呢?诸如此类问题,都是原始的"听"所听不出来的。也就是说,相对于原始的"听",还有更高级的"听"等着我们去理解和掌握。如果你能明白并且能够做到,必将成为一个倾听的高手。

在讨论更高级的"听"之前,先来看看高效倾听的五个阶段(见图4-2):

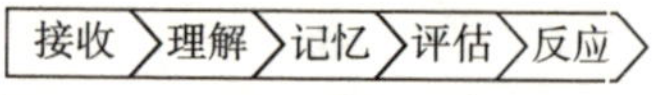

接收 〉理解 〉记忆 〉评估 〉反应

图4-2 高级"听"的五个阶段

1. 第一个阶段是接收信息。是由感觉器官接收外界的刺激,

不仅接收对方传达的口语内容,还会接收对方的非语言讯息。

2. 第二个阶段是理解信息。必须要注意对方所表达的意见和想法,也必须了解对方言谈时的情绪状态。

3. 第三个阶段是记忆信息。人们的记忆并不是讯息的完全复制品,而是以自己的方式重新建构所接收到的讯息。

4. 第四个阶段是评估信息。必须理解、记忆对方所传达讯息的表面意义,还必须进一步推测这些讯息的潜藏意义。

5. 第五个阶段是做出反应。说话者会根据倾听者的反应来检查自己的讲话效果,从而知道自己所说的是否被准确接受和正确理解,然后作出适当的调整。

下面,我们再列出高效倾听必须具备的六项技能:

1. 鼓励客户先开口

倾听是一种礼貌,愿意倾听别人说话表示我们乐于接受别人的观点和看法,销售人员更要多问多听,这会让客户有一种备受尊重的感觉,有助于和客户建立和谐、融洽的关系。同时,还应该鼓励客户先开口,有助于降低交谈中的竞争意味,因为倾听可以培养开放融洽的沟通气氛,有助于销售方和客户方友好地交换意见。而且,鼓励客户先开口,销售人员就有机会在表达自己的意见之前,掌握双方意见一致之处和不同之处。这样一来,在开始交流时,才可以让自己的意见更容易地被客户接纳。

2. 控制好自己的情绪

销售本就是利益间的博弈,因此在交谈过程中,一定会出现涉及利益的问题。比如"你们的产品质量不行""我现在的供应商答应永远给我最低进价""就便宜那么点,你们还声称让利很大,真是笑话"……听到了这些话,任谁的坏情绪都会被点燃。但这时一定要切记,客户才是交谈的主角,即使销售人员有不同观点或很强烈的情绪体验,也不要随便表达出来,更不要与客户发生争执。否则很可能会引入很多无关的细节,从而冲淡交谈的真正主题或导致交谈中断。

3. 懂得与客户共鸣

有效倾听还要做到设身处地站在客户的立场和角度看问题。要努力领会客户所说的题中之意和言辞所要传达的情绪与感受。在很多时候,客户都不会想着要说出内心的真实想法,这就需要销售人员能够从客户的说话内容、语调或肢体语言中获得线索。如果无法准确判断客户的情感,也可以直接问:"那么您的具体意思是什么?"

4. 善于引导客户

销售人员可以通过一些简短的鼓励性的话语,如"哦""嗯""好的""是的""我明白了"等,以向客户传达出正在专注地听他说话,并鼓励他继续说下去。当谈话出现冷场时,也可以通过适当地提问引导对方说下去,如"你对这件事的想法是什么""除此以外,您还对我们的产品有什么建议",等等。

5. 与客户保持视线接触

在倾听客户讲话时,销售人员应该注视着对方的眼睛。通常情况下,判断一个人是否在认真倾听,很重要也很直接的方法就是观察视线。认真倾听时,眼神一定会锁定在讲话者的脸上;没有认真倾听时,眼神就会游离于别处。作为一名销售人员如果不想让客户感觉失望,就要与客户的视线经常性地接触。

6. 给予客户真诚的赞美

对于客户说出的精辟见解、有意义的陈述或有价值的信息,销售人员要及时予以真诚的赞美。例如,"您的这个建议很重要""你对改进市场整体环境的想法很正确""您的见解令我茅塞顿开",等等,这种良好的回应可以有效地激发客户的谈话兴致。

之所以如此强调倾听的能力,就是因为好的倾听是沟通的开始,甚至决定了沟通的顺利程度。作为一名销售人员,当你真正做到了高效倾听之后,你会发现,原本与客户间的障碍消退了好多,客户的敌意也没有那么严重了。

那么,通过"听"加深售买双方的理解和沟通的具体应用方法如下:

方法一:聆听加提问等于销售机会

有效的倾听可以让销售人员从客户口中获得很多相关的信息,这些信息将支撑着销售人员接下来的销售策略。可见仅仅是听并不够,还要与客户进行互动,将获得的信息利用起来。那么,互动的最好方式就是提问,通过提问不断地获得新信息,也通过提问让客户逐渐认同销售人员的推销。

下面通过一个具体案例来展现该方法如何应用。

客户:"你们的价格够高的啊!"

投资顾问:"是吗?是超出了您的投资预算吗?"(提问)

这里涉及一个小技巧,即投资顾问没有问客户:"您是觉得我们的产品贵吗?"如果这样问,就等于暗示客户:我们也知道价格贵。

客户:"我看其他公司也做你们这种业务,不过他们的价格比你们要低很多啊?"(听出客户的意思,是想要压价)

投资顾问:"哦,您看的是哪些项目呢?能方便说一下吗?"(再次提问)

客户:"我看他们的项目是 4200 元,你们的报价是 8900 元,

差得太多了吧。"（认真听，记住客户所说的数字）

　　这里客户的表现等于给了投资顾问两个暗示，一是客户可能并没有关注其他公司，或者只是大概了解过，因为投资顾问提问"您看的哪些项目"，客户没有说出，哪怕只是一种。二是客户的真实意图可以确定了，就是想要压价，因为同行业同等产品的报价不可能差距达到一倍多，如果真有货真价实的产品报价那么低，这位客户还会同投资顾问多说吗？还不直接去另一家。

　　投资顾问："不同的公司有不同的价格，这很正常。但不同的产品质量和服务质量也会体现在价格上。您关注其他公司的具体项目质量和服务质量了吗？"（直接切中客户要害，让其大幅度砍价的想法落空）

　　这个案例中，投资顾问采用的是倾听加提问的策略，一边提问，一边认真听着客户讲话，从中整理出客户传达出来的关键信息。这个关键信息往往是客户最为在意的，也是堡垒最为坚固的地方。销售人员如果不将这个堡垒攻克，客户将一直围绕它做文章，如同上面案例中的客户，他的堡垒就是其他公司的便宜，你们公司的贵，或许该客户根本就没有关注过其他公司，只是单纯想压价，因此若不将"为什么贵"的原因明确告知，并让客户真正接受，接下来的谈判将会非常艰难。

▶ 方法二：听完之后再发问

　　场景：

　　导购员："您穿这件衣服很合身，您的身材真的太好了。"

　　顾客："是挺合适的，只是……"

　　导购员："您以前穿过这种款式的衣服吗？"

第4章 问出需求，只卖客户需要的价值

顾客："没有穿过，所以……"

导购员："所以更要试试了，您看多适合啊！"

顾客："我是说……"

导购员："我看啊，您别犹豫了，错过这么好看的衣服会后悔的。"

如果我是这位顾客，我就不会再犹豫了，当即决定……不买了。连话都不让顾客说完，这样的导购是很不合格的。作为一名销售人员，在客户没表达完之前，无论自己有多少话等着说，也不能随便打断客户，这种非常不礼貌的行为一定会引起顾客的不快，影响销售。

听离不开问，问也离不开听。有听有问，才能形成完整的交流。但听与问的时机必须要把握好，不能随便插嘴是最基本的。听客户把话说完再发问，才有继续沟通下去的机会。

4.5
定义式提问，将客户模糊的需求明确化

很多时候，客户自己也说不清楚具体想要什么样的产品，或者是根本不知道具体目标，或者是有了目标表达不到位。但不论怎样，遇到这种情况，销售人员要做的是将客户模糊的需求明确化。比如客户说："我想要一台笔记本电脑。"这就是一个很模糊的需求，基本等于没说。再比如客户说："我想要一台大电脑。"这也是一个相当模糊的需求，具体要多大的电脑客户并没有说清楚。如果在客户需求模糊的情况下就进行推销，很可能出现销售人员对客户推荐了好久，客户因为心里依然不清楚想要什么样的产品，而不能购买的局面。因此，当遇到客户需求模糊时，销售人员必须要引导客户，将需求逐渐清晰起来。

想要让客户的需求从模糊到清晰，提问无疑是最好的办法。销售人员问，客户答，问得越详细，答得也就越具体。因此，提问需要选用定义式提问法，就是将需求进行定义化，销售人员将客户的需求分块进行定义，然后问出来，最终确认客户的需求是哪一块的，再将该块进一步分成更小的块，再次向客户提问，得到答案后，对答案所在块进一步划分……以此类推，直至找出客户的明确需求。

比如，客户说："我想要一台大电脑。"销售人员就要思考

了，在客户心目中的"大"是怎样的定义呢？这就需要销售人员对客户进行进一步了解。可以这样问客户："您说的大指的是屏幕大，还是内存大呢？"如果客户回答是屏幕大，就需要进一步向客户确认："您能具体表达一下吗？我们这里的电脑，您觉得多大的屏幕合适？"经过这样的提问之后，销售人员就能明确知道客户的真正需求是什么了。

》方法一：提问要尽量数字化

数字模糊是销售中双方都喜欢用的一种方式，销售人员与客户都喜欢将价格、时间、成本等有关信息模糊化，意图就是希望自己的信息在不被对方探知的情况下占据上风。其实，这是非常错误的做法，任何商业行为的成交，最终都得建立在公开、共赢的基础上。因此，销售人员在向客户提问时要具体化，而遇到客户的回答模糊时，就要通过提问的方式引导客户说出具体的数字。

比如，问客户："您愿意节省一点儿成本吗？"

这个问题就不够明确，只说"节省成本"，究竟节省什么成本？节省多少？多长时间？都没有加以说明，很难引起顾客的注意和兴趣。如果说："您希望在三个月内节省两万元的原材料成本吗？"这样就比较明确，容易达到接近顾客的目的。所以，提问要表述明确，避免使用含糊不清或模棱两可的问句，以免顾客听着费解或误解。

再比如，客户说："我希望能够延长一段时间。"

这里的"一段时间"就是一个模糊的数字。为了进一步明确客户的意思，销售人员就需要问客户："您能说清楚具体延长多少时间吗？"

▶ 方法二：提问要明确概念

在销售中，一些客户会提出一些模糊的概念，销售人员就需要用定义式提问的方法，让客户对模糊的概念进行明确的解释，这样销售人员不仅可以明确客户的需求，还可以避免双方因为理解不一致而发生误解。

比如，客户说："这年度因为企业效益不太好，我们需要调整原材料的进货渠道……"

在这里，客户所说的"调整原材料的进货渠道"对于销售人员来说就是一个模糊的概念。怎样调整呢？能不能具体一些呢？调整后的方向又是怎样的呢？因此，销售人员就需要问客户："您说的调整进货渠道具体是指什么呢？"

再比如，客户说："如果你们的产品能更好一些，我们也许会考虑。"

在这里，客户说的"更好一些"对于销售人员来说就是一个模糊的概念，到底怎样的"更好一些"呢？具体指标是什么？要达到的水准又是怎样的呢？为了进一步了解客户心中所谓的"更好一些"指的是什么，销售人员必须要继续问客户："您能告诉我具体在哪些方面需要我们做得更好一些呢？"

4.6 SPIN 式提问，摸清客户痛点

世界上最伟大的推销员乔·吉拉德曾说："销售人员要比客户更知道客户需要什么。"要想了解客户的需求，提问无疑是最直接和有效的方式。通过提问可以准确挖掘出客户的真正需求，为客户提供所需的服务。那么，如何提问才是挖掘出客户潜在需求的正确方法呢？

做任何事情都是有方法的，提问也不例外。全球著名的销售大师、研究提高销售效率和成功率的先驱者尼尔·雷克汉姆提出的"SPIN 销售法"就是通过提问挖掘客户需求的有效方法，堪称是销售领域"放之四海而皆准"的法则。

"SPIN 提问法"由现状问题（Situation Questions）、痛点问题（Problem Questions）、暗示性问题（Implication Questions）、收益性问题（Need‐Payoff Questions）这四种不同的销售问题的英文首字母组合而成（见图 4-3）。通过这四个层层递进的问题来挖掘、判断、引导客户的需求，从而推动销售进程。

现状问题 ＞ 痛点问题 ＞ 暗示性问题 ＞ 收益性问题

图 4-3　"SPIN 提问法"的四个提问流程

"SPIN 提问法"分为四个阶段，我们以房屋交易为例，说明一下在交易过程中该如何用 SPIN 提问法。

▶ 第一，现状问题

现状类问题通常是销售对话的开端，俗称"开场白"。见到客户后先要通过简单的寒暄和客户建立起联系，赢得客户的好感。在这一过程中就可以了解到客户的现状，目前存在哪些困难，然后基于这些了解来拟定接下来提问的方向。通过提问引导客户说出自己的诉求，避免将观点强加给客户。

（1）"一看先生就是位成功人士，这房是准备近期就购买吧？是准备自住还是出租？"

（2）"买房是件大事，所以挑选一套合适您生活所需的房子对您很重要。您对面积和户型有什么要求吗？"

根据上述的提问，基本就可以根据消费者的回答来判定他基本的需求了。在这个过程中需要注意的是，提出现状问题要有选择，可以用一些开放式的问题来了解客户现状，判断出客户的需求，然后用封闭式的问题来确认客户的需求。两者相结合，才能达到最佳效果。

▶ 第二，痛点问题

所谓"痛点"，就是困扰客户的问题。有时候客户并不愿意直接说出来哪里不满意，这就需要我们仔细聆听客户的回答，分析客户说出的有效信息，引导客户说出不满，从而挖掘出客户隐藏的需求。

（1）"您现在住的地方距离您上班的地方远吗？平时从家到单位大概需要多长时间呢？"

（2）"现在住的房子是几居室？是和父母同住吗？有没有孩子？"

这两个问题就很容易挖出痛点。远的话上班很不方便，与父母同住房子小的话会很拥挤。想要做到这第二步，就需要比客户更深一层找到痛点。这样客户才愿意听你接下来介绍解决痛点的办法，同时也为下一阶段的提问打下了基础。

第三，暗示性问题

第三个阶段就是引导客户明确需求的阶段。因为上一个问题挠到了客户的痛点，所以客户迫切地想要为他刚刚确认的问题找到解决办法。因此这一阶段要在引导客户说出潜在需求后，告诉他问题的严重性和紧迫性，这样就会加深客户对潜在需求的不满意，从而逐渐明确他的需求。

（1）"现在的交通拥堵状况严重，住的地方离公司远的话真的是很不方便，大量时间花在了路上。我住的地方就比较远，9点上班，7点从家走，结果还是迟到了，在国贸堵车，一个小时不动，最后我受不了，提前下车走路去公司。您肯定也遇到过这样闹心的时候吧！"

（2）"现在和老人同住的人不多了，您真是个孝顺的人。但是仅是一居室，和老人同住就会不方便，有了孩子就更不方便了。像您家这种状况，三居室最为适合。您看，这期三居室的户型还特别好，这是户型图。"

这是根据痛点问题提出的暗示性问题，最大化地挖掘了房子离单位远、房子小带来的不便。这个阶段是最有难度的，销售人员在了解到客户的痛点后，需要不断地在客户的痛处"撒盐"，这样才能激发客户解决痛点的欲望。

第四，收益性问题

收益性问题是 SPIN 提问法的最后一步。在这一阶段，销售人员要给出解决办法，并且要让客户认识到这个办法给他带来的好处。因为在上一阶段，客户已经认识到了自己需求的紧迫性，要必须得到解决方案。此时，销售人员只要通过试探性地提问，强化客户的需求，客户很可能会产生明确购买的意愿。做好这一步要注意，给客户的解决方案要超出其预期的利益，让客户感受到你的产品或者服务超值，这样才能促使其下决心购买你的产品。

（1）"住的离单位近就不一样了，上下班距离远的问题就解决了，甚至可以走路去上班，每天还能多睡一会儿。现如今时间就是金钱，省时间就是在省钱。"

（2）"换一个三居室的话，家里老人一起住也更方便，以后有了孩子，孩子也能有自己的房间。一家人在一起其乐融融，多幸福啊！"

这是根据消费者原来的房子上下班不方便的痛苦，来描述买了单位附近房子之后的便利生活；同时，也根据和老人一起生活房间不够住以及以后有了孩子后更不方便的痛点，向消费者描述了拥有大房子后的便利。

以上介绍的就是 SPIN 提问法。作为销售人员想要掌握这个方法，就要多加练习。当然，并不是每次与客户会谈都需要严格按照这个顺序进行。假如客户在谈话之初就表明了自己的需求，那我们就可以直接跳到第四步，告诉客户解决方案，向客户阐明我们的产品如何满足他的这个需求。

4.7

渐进式提问，挖掘客户的潜在需求

很多销售人员会认为，客户都知道自己的需求，所以只要有客户来，就问客户需要什么，然后根据客户的需求为其推荐商品就可以了。如果遇到一些客户对自己的需求尚不明确的，那就将他们引导到明确，再进行推荐。

这两种观点都是正确的，但都是建立在客户明确知道或者模糊知道自己的需求之上。那么，你是否想过，客户也有不知道自己需求的时候呢？客户不是所有的时间都知道自己需要什么，也不是他们所需要的需求都是正确的。一些时候，客户去购买的商品根本就是不正确或是无意义的，但客户也买下来了，等到 N 多天之后反应过来，买得不对啊！这就说明，客户不是永远知道自己的真正需求的，这就给销售人员提供了帮助客户挖掘真正需求的机会。而优秀的销售人员也正是利用了这一点，不仅帮客户解决了问题，也帮自己赢得了业绩。

或许你会问：要做到帮助客户挖掘需求，是不是很难的一件事呢？答案是否定的。不用非要学过专业营销的人，一个普通的市场商贩也能做到。

一位老妇人上市场买水果。她来到第一个水果摊前问道："这李子怎么样？"

好的销售都是提问高手

这个小贩忙回答:"我的李子又大又甜,您要多少?"说着拿出一个方便袋递给老妇人。

老妇人摇摇头离开了,又来到旁边的摊位问道:"李子怎么样?"

这个小贩笑着说:"我这里有酸的李子和甜的李子,您要什么样的?"

老妇人说:"给我来一斤酸的。"

买完后,往回走时看到一个摊位的李子品相更好,就顺便问了一句:"你的李子多少钱一斤?"

这个小贩说:"您问的是哪种李子?"

老妇人说:"酸一点的。"

小贩说:"×元×角一斤。大姨,人家都要甜的,您怎么要酸的呢?爱吃这一口吗?"

老妇人笑着说:"不是我吃,是我儿媳妇要吃酸的李子。"

小贩说:"大姨,您对儿媳妇真好。她想吃酸的,说明她一定能给您生个大胖孙子,您好福气啊!您得多买点。"

老妇人更乐了,说:"我都买过了,不过再来一斤吧!"

小贩一边称李子,一边说:"您知道孕妇最需要什么营养吗?"

老妇人说:"这个还真不太知道。我想怎么也得多补充维生素吧。"

小贩说:"对喽,孕妇特别需要补充维生素,对胎儿生长发育好,而且生下来的孩子也聪明。多吃点猕猴桃、山楂,都能补充维生素。"

老妇人听了,说:"那再给我称一斤山楂,再来几个猕猴桃。"

第4章 问出需求，只卖客户需要的价值

同样是卖水果，第三个小贩显然更高明一些，不但让老妇人再次买了李子，还卖出了山楂和猕猴桃。他用的方法就是渐进式提问，一点点挖掘出了老妇人的潜在需求。其实，这位老妇人上市场的目的只有一个，就是买李子，并不想买其他水果。而第三个小贩通过两次渐进式提问，将老妇人的潜在需求调动了出来。第一次是问"人家都要甜的，您怎么要酸的呢？"第二次是问"知道孕妇最需要什么营养吗？"相比较于前两个小贩，这个小贩抓住了老妇人买酸李子这个和别人不太一样的机会，成功地让老妇人的需求增加了。

看了上述案例后，你是不是也对这个方法很有兴趣？这种让客户由"不需要"变成"需要"的过程确实很见功力。下面我们介绍三个方法，用以加深对这个方法的理解。

▶ 方法一：提问创造需求

作为一名销售人员，在销售中经常会遇到客户说"不需要"三个，听到这三个字不要气馁，这几乎是销售过程中最常见的状态之一。要知道客户是不会轻易就袒露真需求的，或者在不能确定是不是需要购买某商品时，经常会用"不需要"作为挡箭牌。那么，销售人员应该如何对待客户的"不需要"呢？最重要的一点就是不能妥协，不能仅仅因为这三个字就放弃销售了。聪明的销售人员会借助提问的方式，将客户的"不需要"反转为"需要"。

比如你是一位保健床垫的销售员，当客户对你说"不需要"时，你应该怎么做？是继续向客户讲解床垫的功效？还是劝说客户要注意保养身体？这两种方式都不正确，前者会导致客户尽快

远离，后者会引起客户的反感。正确的做法是询问客户的身体状况，如："您现在身体怎么样？有哪里感觉不太舒服？"或者"您的睡眠感觉如何？"或者"您对您父母的身体健康情况感到担忧吗？"即使客户知道你这是在绕弯子，目的是卖床垫，但还是会跟你谈谈，毕竟这是谁都关心的。

这就是提问创造需要。本来客户不需要保健床垫，但经过销售人员这样一问，立即就会对自己和家人的身体健康担忧起来，有了担忧就有了需要。

方法二：提问鼓动需求

通过提问让客户意识到自己在某方面有需求以后，还需要通过提问进一步发掘客户的潜在隐忧，解决其尚未认识到的问题。比如，你是一位美容顾问，你的客户说她的皮肤干燥，你就要顺着客户给的机会继续提问。这种不断的询问，可以加深客户在需求上的焦虑感，引发客户解决需求的迫切感，然后就是让客户同意你提出的建议的时候了。

美容顾问："是最近开始觉得干燥，还是一直就感觉挺干燥的，只是最近加重了？"

客户："最近一段时间，以前挺好的。"

美容顾问："用了保湿类的化妆品之后感觉有没有效果？"

客户："刚开始效果还行，后来效果就不明显了。"

美容顾问："这样啊，是挺严重的。假如您的皮肤一直这样干燥下去，会引发皮下毛囊的变形和病变，干燥就会升级为剥皮，那样可就糟糕了。您是不是也担心会这样？"

客户："是啊！就怕越来越重，这不紧着在想办法吗！"

本案例中，美容顾问的一些提问让客户逐渐地意识到皮肤干燥的重要性。相信听完美容顾问的一番话后，客户一定会考虑来这家美容店解决自己皮肤干燥的问题了。

方法三：提问解决需求

通过上面两步之后，客户再也不会说"不需要"了，因为这个时候客户已经觉得自己"非常需要"了。那么，接下来该怎么办呢？继续提问，来彻底解决客户的需要。

记住，到了这一步，问的永远是假设，而不是肯定。怎么理解这句话呢？举例说明：

（1）"我这里有种方法，您试一下吧，肯定能解决您皮肤干燥的问题，怎么样？"

（2）"我有一个方法可以让您的皮肤保持足够的水分，不再干燥，您愿意试一试吗？"

如果你是顾客，你觉得美容顾问说哪句话更容易令你接受？你的选择也许和我一样——第二句。第一句是在命令客户，也好像是在威胁客户，如果不同意的话，你将错失这个改善皮肤的机会。第二句就柔和了很多，以一种和客户商量的口吻在交谈，而且是为了客户着想。这种情况下，客户又很想解决皮肤干燥的难题，当然会同意一试。

第5章

抓住问题关键，提炼产品卖点

销售能够顺利开单的重要通道，就是通过不断地提问，以此来了解客户最为感兴趣也最需要的卖点，做到对症下药，选择最合适的销售话术促成交易。

5.1

策略性提问比罗列卖点更重要

很多销售人员不懂得倾听客户买点的重要性，总是急于表达自己产品的卖点。他们将心思都放在如何让用户签单上，却忘记了找不准客户的需求，就等于找不到将产品卖给客户的卖点，如何能让客户签单呢？

在论坛上看到一个真实的案例：

"近期有个斯洛伐克的客人询问过一款我们公司的热销产品，我回复后，他就说再看一下市场，毕竟是一个新产品。之后的跟踪，这位捷克人再也没回复过。后来我心血来潮，说自己的公司已经给客人的市场上供应了一些产品，这次客人给我回复了，说捷克市场比较小，一般同一种产品容不下两个以上的供应商和代理商。我一看傻眼了。怎么会这样子呢？"

怎么会这样子呢？原因就是没有仔细研究斯洛伐克的市场需求以及市场状况。

想要研究一个远在欧洲的市场并不容易，但也依然有很多途径。最好的途径就是借助别人的嘴，了解想知道的事。可以向这位斯洛伐克的客人提出问题啊！他知道的就会回答，不知道的也会去调查研究，毕竟对方也是想将生意做好的。

这就是有经验的销售人员会尽可能地从他人口中了解市场信

息的原因。若是有针对性地与某位客户商谈,也会尽量让客户多说,自己则从客户的字里行间了解客户的真正意图和真实需求。

因此,在销售领域有一条很重要的准则:"自己少说,多提问,鼓励客户多说,引导客户多说。"

但提问不是随便问,而是要讲究一定的策略,这就是策略性地提问。具体应该如何运用呢?

方法一:不做封闭式回答

封闭式提问我们都知道,就是问出的问题,对方只能用"是"或"不是"这样对立性的字词来回答。比如:"你今年是不是30岁?"回答:"是"或"不是"。再比如:"您认为我提出的方案可行吗?"回答:"可行"或"不可行"。这种问话给对方回答的空间很小,想要闪展腾挪一下都做不到。所以,我们提倡在销售过程中,尽量不要用封闭式提问的方式,只是在某些时刻,封闭式提问更容易促成交易时,才可以采用。

但是,你不用,不代表别人不用。当销售人员不采用封闭式提问,客户可能会采用这种提问方式,如果销售人员顺着客户的思路,按照大脑的直觉去做,通常就会是这样的:如果确切知道答案是肯定的或是否定的,就会毫不犹豫地以肯定或否定的语气回答;或者在不用回答肯定或否定时,回答得过于直接。

场景:

客户:"你们有这个型号的产品吗?"

销售人员:"有的。"

客户:"有带×××功能吗?"

销售人员:"没有。"

客户:"有 CE 认证吗?"

销售人员:"有。"

客户:"你们交货期要多长时间?"

销售人员:"一般是 30 天。"

客户:"可以接受 L/C 付款方式吗?"

销售人员:"可以的。"

所有这些回答不仅不妥,还造成了沟通的断裂。当销售人员简单地回复完问题后,往往是在忐忑不安地等待客户的反应和下一个问题,而忘了评估这个问题对客户的重要性,更加失去了掌控问题的主动权。因此,当客户提出一个需要用"是"或"不"来回答的问题,不要用"是"或"不是"回答,而是试着以提问的形式来回复,或者在回答的最后加上一个问题。我认为这样有两个好处:一是可以由销售人员来控制整个产品介绍的过程;二是可以逐渐发现客户的需求。

回答客户提出的问题的规则是:利用客户的问题来考量对方的需求,并且有目的地提问。当得到客户的购买信号之后,最好能够想出一个回应性的问题,获得更多的信息和关键点。

总之,适当提出问题很重要,对于销售人员来说,没有提问,几乎达成不了销售。

场景:

客户:"你们有×××产品吗?"

销售人员:"有的。您的数量有多少?这个产品是您主要采购的产品吗?"(对客户进行更多了解)

客户:"这个产品可以做单只包装吗?"

销售人员:"可以的。这是您市场上常见的包装方式吗?"(借机收集市场行情信息,作为储备)

客户:"你们多久可以交货?"

销售人员:"您希望我们多久交货?我们正常的交货期为40天,但是如果您急着要货,我们可以努力30天交货。(体现出努力和为客户着想的态度)

客户:"你们可以提供免费样品吗?"

销售人员:"可以的。请问您是否确认价格?"(考量客户的价格接受能力)

▶ 方法二:必要时候,请出反问帮帮忙

有些时候,销售人员一直以提问的口吻同客户交流,但因为并未掌握客户的确切信息,所以无法问出客户的需求点。但是借助客户的问题,适当地送回一句反问,反而能问出客户的需求点。

比如客户对交期的要求很紧迫,就说明这是客户关心的一个关键点,那么就要针对这个需求下功夫。

场景:

客户:"有CE认证吗?有SGS认证吗?"

销售人员:"当然有。以上两个认证请见附件中,另附上其他认证。如果您不放心,我建议您可以先试订一台样机。贵公司主要是卖给食品餐饮行业的客户吗?"

客户:"价格高了,能给点折扣吗?"

销售人员:"根据目前的情况,我们很难提供折扣。但如果您可以现在就订购,我可以请示上级。其他方面如付款方式、交货期限您是否可以接受?"

客户:"你们有价格低一些的产品吗?我想作为参考。"

第5章 抓住问题关键，提炼产品卖点

销售人员："当然有的。如果价格您满意的话，您需要尽快考虑是否订购，因为我们低价格产品的库存不多了。这样吧，我报个价格给您，您如果确认价格OK，我把两种品质的样品寄给您比较一下，您看怎么样？"

每一次回答后面都接一句反问，这句反问很关键。第一句反问是要了解产品的用途，以便更准确地推销。第二句反问是向客户暗示订购的时间需要加快，那样就有优惠。第三句反问是向客户确定最后的价格，这也是成交的关键。

5.2 问出需求,用卖点满足客户需求

客户去选购商品,一定是有所需求。但是具体的需求客户往往不愿意吐露给销售人员,总想有所保留。每到此时,销售人员就需要主动展开询问,将客户的需求问出来,然后用自己产品的卖点满足客户的需求,让交易愈发接近成交。

场景1:

顾客:"这台空调多少钱?"

销售人员:"2980(元)。"

顾客看了看,准备去下一家了。这时销售人员追过去,急急地问顾客:"价格怎么样嘛?想不想买嘛?给个回复嘛……"顾客自然不会理会,继续逛他的。

就像外贸行业流行的一句话:"除非就你一个供应商在报价,他会追着屁股后问你,否则你在沟通中已处于劣势。"

销售人员应该将客户捧在主角的位置,客户来了,应该尽快问出客户的需求,好围绕需求建立推销策略。绝对不能像上面这位销售人员这样,只回复顾客一句问话就没有下文了。

场景2:

客户:"这台空调什么价格?"

销售人员:"您要几台?房间面积多大?是用在自己住的房

子还是用在出租的房子?"(确定客户所需的数量和产品所用的场所,以便为客户考虑方案)

客户:"我买两台。都是放在自己住的房间里用。房间面积大概130平方米左右吧。"

销售人员:"平时使用得多吗?夏天和冬天都用?还是只夏天用?冬天里偶尔使用?"(了解对产品的依赖和需求程度)

客户:"夏天和冬天都用。房子户型不太好,冬天冷夏天热。"

销售人员:"好的,像您这样的需求,其实可以考虑两种方案。一、自用的话可以考虑买个质量好点的变频空调,省电节能环保。目前市场上卖得非常好的是1.5匹的这种带智能恒温的,能效比为1级,两台的话我可以申请一下好一点的促销价。二、您也可以看看我们性价比最高的这一款,其实这款也非常不错,是我们五一时候促销的主打机型……"

这个案例对我们有什么启示呢?其实,销售沟通过程中,最重要的两个问题是了解客户的需求和用卖点满足这个需求。了解了客户的需求后,可以有助于我们选择最好的销售方式,使客户在销售的过程中感受到被理解和尊重,没有被强迫成交的压力。

卖点一定要和客户需求契合上,如果契合不上,再好的卖点也不会吸引客户。比如客户需要冬天制暖效果更好的空调,销售人员却因为不知道客户的需求而一直向客户推荐夏天制冷效果更好的空调,客户是一定不会买账的。

那么,在询问客户需求并用卖点满足客户需求这一点上,还有什么其他的方式吗?

方法一：借助演示挖出客户的需求

很多客户防备心理特别重，就是不愿意说出自己的需求，面对这种客户，最好的方法就是通过为其演示，边演示边问出客户的需求。

场景：

一名顾客来到一家电器商店买熨斗。进门后，径直来到熨斗专区，销售员问她需要什么样的熨斗，顾客只说先看看。

销售员又问："您先看看我们这的多功能熨斗吧？"顾客点点头也不说话。

销售员又说："您面前这几款熨斗的功能各不一样，需要我为您演示一下吗？"

顾客这次说话了，高兴地说："可以。"

销售员立即打开开关开始演示，边演示边问顾客一些信息，顾客都逐一相告了。

这就是演示的作用。遇到这类疑虑心重的"顽固性"客户，如果不用演示，是很难敲开客户的心门的。为客户演示可以很快地赢得客户的信任，因为在客户的心里，总会觉得只有过硬的产品销售人员才敢于演示。

方法二：识别和把握客户的更高级需求

发生交易的目的是为了满足需求，但这只是交易的低级需求，也是交易形成后所能产生的低级作用。还有更高级的需求，就是满足客户获得成功的目标，这也是交易形成后所能产生的最高级作用。

第5章 抓住问题关键，提炼产品卖点

客户购买产品或接受服务，都是从属于或低级或高级的需求，抑或两者皆有。因此，销售人员不能只看见客户对产品、服务的需求，更重要的是能识别和把握客户内在的、高层次的需求。

某科研所需要钻头。不少厂家纷纷将自己的产品向客户展示，却没有一家中标。原因在于他们没有搞清楚客户购买钻头的目的。是为了打孔吗？钻头的作用就是打孔的，这是低级需求。我们还可以这样思考，打孔的目的是为了什么呢？所以才必须要打，还要打得很好。而孔打好了，客户会获得什么呢？这就是高级需求。

有一个厂家搞清楚了客户的需求，打孔是在某高精尖产品上进行，因此要求钻头的质量非常高，其中包含了高端科技。

随后该厂家派业务员找到客户洽谈，但对方并不信任他们厂家的能力，显得很犹豫。

业务员："贵所是不是已经参与合作了×××超级工程项目？"

对方："是的，这有什么关系吗？"

业务员："所以我们知道，贵所需要的钻头质量必须符合×××国际标准。我们公司经过一阶段的研发，掌握了这种钻头的生产工艺，现在我带来了一件试用品，请你们使用一下，看看还有什么需要改进的地方？"

对话进行到这里，结果已经不言自明，只要这家工厂生产的钻头质量可以满足该研究所的需要，订单就算是做成了。因为研究所的需求得到了满足，还可以通过提前试用检验一下钻头的质量。

客户的需求是无论如何都要满足的，这是交易成功的基础之一。而满足客户需求的唯一途径就是产品卖点与需求的契合，使客户从心里认可产品，也认可合作方。

5.3 问出客户兴趣,就找出了产品卖点

心理学认为,兴趣主要表现为个体对探究某种事物或从事某项活动的选择性态度和积极的情绪反应。是人对事物的真正关心,而不是表面关心。兴趣推动人们去寻求相关的知识,也是人们积极地去从事某类活动的一种精神力量和无限动力。

心理学家认为,兴趣的发展有三个阶段:有趣—乐趣—志趣,这是一个逐级递进的阶段,也是兴趣逐渐递增的阶段(见图5-1)。有趣是初级的兴趣,是引人入门的第一步;乐趣是中级的兴趣,是一种持之以恒的活动过程;志趣是高级的兴趣,是联系着事业的志向目标。

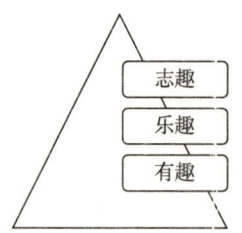

图 5-1 兴趣的三个阶段

当感觉对某件事物或某项活动感兴趣时,往往基于很小的点,甚至只是火花一闪。但随着兴趣升级为乐趣,再升级为志

第5章 抓住问题关键,提炼产品卖点

趣,一切就发生了改变,兴趣变得越来越厚重深沉,逐渐成为了人们心中不可代替的一个方面。因此,作为从事销售行业的人员,在与客户接触时,一定要想办法找到客户的兴趣的最深处,即客户的志趣所在,因为这块区域是客户的兴奋区域和不设防区域。

同时,兴趣按个体对生活的期盼值可分为物质兴趣、精神兴趣、社会兴趣等(见图5-2)。

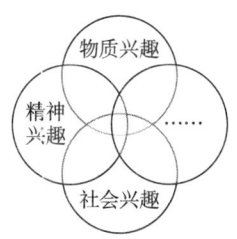

图5-2 兴趣的分类(一)

这些兴趣都是基于个体对生活的期盼所逐渐产生的"衍生品",因此这些兴趣既相互独立,又相互交织。销售人员在想办法寻找客户的兴趣点时,要能做到不忽视相关,不放弃边角,才能从某一点窥探到更大的面。

兴趣按自然状态可分为最直接兴趣、直接兴趣和间接兴趣三种(见图5-3)。个体天性对某些事物的兴趣,叫作最直接兴趣。例如吃美食、穿衣、睡眠。个体对事物本身感到需要而引起的兴趣,叫作直接兴趣。例如开车、看球赛或写小说等。个体对事物本身并没有兴趣,而是对事物未来的结果感到需要而产生的兴趣,叫作间接兴趣。例如对学习本身没有兴趣,但为了学到知识才具有兴趣。

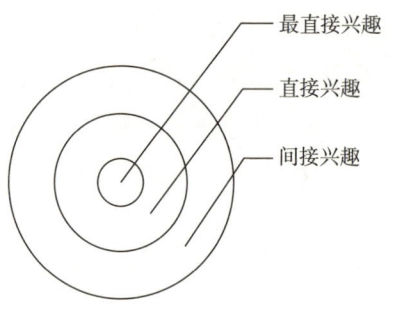

图5-3 兴趣的分类(二)

从内部的最直接兴趣向外,到间接兴趣,形成逐渐增大的趋势,这正符合人类的兴趣范围。最直接的也是内核,最坚固,但量最少。中间的是直接兴趣,是人类的兴趣爱好,就广泛了好多,但也属于喜欢上就会终身携带,很难改变的,数量也不会太多,试问一个人能有多少种兴趣爱好呢?最外层的是间接兴趣,这个数量就相对大了一些,因为人们很可能会根据现实需要向其增添内容,需要学英语了,英语就成了兴趣,因此间接兴趣更像是临时激起的兴趣,持久性差,但爆发力并不差。

最直接兴趣是个体最早产生的兴趣,属于终身携带、永不过期的。但这类兴趣客户从不会回避,也没办法回避,进了饭店就是为了吃饭,进服装店就是要买衣服,销售人员能做的就是怎样将自己产品的卖点让客户接受,成功交易。因此,这类兴趣无须探求。

直接兴趣就是我们常说的个人爱好,是销售人员着力要挖掘的。而且直接兴趣还是可以更小范围划分的,这就需要销售人员在挖掘时要格外注意。比如客户想买辆车,客户最偏爱越野,而且是纯越野,通过进一步提问发现客户最喜欢的是切诺基,但因为经济方面不能满足,只能退而求其次,那么什么车的卖点能够暂时满足客户的需求呢？可以推荐同为 JEEP 旗下的牧马人。

间接兴趣虽然是短期内激发的，但因为客户的需要，反而能够成为某段时间内的最强需求。比如某人想考驾照，考驾照肯定不是客户的喜好，但是考驾照的需求是强烈的。作为驾校的工作人员，就要在问出客户考驾照的具体需求——考 A 证、B 证、C 证，然后结合本驾校的特点向客户介绍。

总之，人的兴趣倾向与人的情绪状态有直接的联系，满足了客户的兴趣，就能够给客户带去精神上的快乐，有了快乐做基础，交易的成功将变得很容易。

销售人员面对客户，如何让客户在第一时间就愿意与你说话？如何让客户能够与你深入地交往下去？从客户的兴趣出发，这是最好的谈话切入点。

方法一：直接问客户"您喜欢什么？"

利用"您喜欢什么？"来向客户提问，客户的反馈就会比回答"是"或"否"提供更多的资料。如果销售人员能够提供可以协助客户作出最佳选择的帮助，无疑客户将会认可所推荐的产品和服务。

场景：

销售人员："你是为自己买书，还是想送给别人？"

顾客："我想送给妈妈。"

销售人员："你妈妈对哪方面感兴趣，有什么爱好？"

顾客："她算是电影迷，还喜欢烹饪。"

销售人员："那买本烹饪书怎么样？可以随时拿在手里，比电影书籍更有意义。"

顾客："我也不知道……她现在还在减肥呢！"

销售人员："我有个主意，有本刚出版的烹饪书，收集了很多名人所提供的低脂肪食谱和保健方法。你妈妈可以一面尝试新食谱，一面继续她的减肥计划。这本就是……"

顾客："好主意！我想她会喜欢的。"

这位书店推销员最终能够在顾客的兴趣爱好和产品的卖点特征间找出完美的契合点，促成了这次销售。

想要了解客户的兴趣爱好，有时不妨直接一点，言语和神态中带着真诚，客户是愿意如实相告的，毕竟客户也想买到称心如意的产品。

》方法二：将商品的具体信息同客户的需求联系起来

了解客户的需求以后，不要急于给客户下结论，而是要继续发问，问出更具体的信息。如客户对你介绍的产品是否感兴趣，客户想购买什么档次的产品，客户所需的购买量是多少。

询问顾客所需要产品的功能及特点，属于一种诊断式的提问，是顺利找到满足客户确切需求的对症之药，可以让销售人员在短时间内，尽可能多地收集客户信息、缩小推荐范围、确立行动目标。

场景：

销售员："您为何不使用电子邮件或是邮寄的方式？"

顾客："邮寄很费时间，成本又高，邮件不是很安全，还需要客户自行打印出来。"

销售员："听您这么说，您个人是倾向使用电子邮件的？"

顾客："是的。其实传真机使用不方便，一大堆的按钮，还经常卡纸。我只要具有基本传真功能的就行。"

销售员："您需不需要一种具有快速拨号功能的传真机呢?它可以把您经常联系的老客户号码预先设定,需要的时候可以一键自动拨号。"

顾客："听起来挺不错,那价钱如何呢?"

销售员："我给您推荐一套电脑传真软件,它不需要其他辅助设施,能够让您利用电脑收发传真,价钱并不是很高。"

该销售员在与顾客接触中,通过提问,了解到顾客的需求——一台传真机。但销售员并没有根据顾客的需要直接推荐一款基本款的传真机,而是通过对顾客需求的分析,向顾客推荐了更加合适的商品——一套电脑传真软件。

这就是将产品的信息同客户的需求相结合。先了解客户的需求后,把产品镶嵌在需求中,让客户欲罢不能。

如果客户知道自己想要购买具有怎样特性的商品,如品牌、价格、颜色等,推销人员要找出符合客户需求的物品。但是,当客户并不清楚想要什么样商品的时候,销售人员就要把握这个机会,将商品的特性、好处和客户的需求作出完美的配对。

5.4 问出客户的生活方式,将卖点与其挂钩

如今,商品越来越丰富,零售渠道也越来越多元化。同质化的竞争使得企业产品的卖点太多,尽管许多卖点也不乏新意,但还是让消费者提不起兴趣。越来越多的消费者需要的不仅仅是商品,而是一种能够体现自己价值观、彰显自己品味的生活解决方案。

其实,无论是卖有形商品,还是无形商品,本质都是在贩卖一种生活方式。卖产品或者卖服务,都只是生活方式的表象,营销的本质就是对生活方式的贩卖。所以营销人员在卖产品的时候,不要只局限于介绍产品本身,要有意识地提问,把客户引导到对生活方式的思考上。

所谓的生活方式是一个宽泛的概念,就是在生活习惯、生活态度等多种因素作用下对生活产生的个性化的需求。尽管不同的客户有不同的生活方式,但是物以类聚,人以群分,客户的价值观决定了他需要什么样的生活方式,具有相似价值观的人往往具有相似的生活方式。当然了,需要建立在消费能力上。客户在购买一件产品时,不只是为了获得该产品的功能,还为了实现自己的价值观。

现今的消费者越来越追求个性、崇尚精神自由,每个人都想

有自己的个性化生活方式。所以，企业为消费者提供产品或服务时，就需要站在消费者的角度去考虑，真正问出消费者的需求，与消费者进行深入的沟通，创造出消费者理想中的生活方式，这样消费者才容易接纳。

那么，该如何贩卖生活方式呢？贩卖生活方式的关键点是什么呢？

方法一：通过正确的提问进行引导

生活方式的贩卖需要宣传和引导，消费者在看中一件商品时，有时只是感觉对了，但究竟是哪点比较契合自己的心，却很难说出来。这时就需要销售人员通过正确的提问进行引导，帮助消费者将产品和自己的价值观进行对接，让消费者觉得产品契合了他喜欢的生活方式。

由日本前三洋电饭煲开发部长内藤毅先生亲自操刀、纯米科技团队共同研发的一款压力电饭煲颇受明星们欢迎。许多消费者在购买时，心里都有这样的疑问，电饭煲不就是用来煮饭吗？再好的颜值、再多的功能也不实用。但是，如果销售时能有意识地提问、介绍，将电饭煲和消费者的生活方式挂上钩，那出售这款电饭煲就容易多了。

譬如，"看您手里提的这款包包非常简洁大方，您平时是不是就喜欢简约的东西？"在得到"是"的回复后，可以对消费者进行赞美，然后再进行推介。"一看您就是追求简约、高品质生活的人。咱们这款电饭煲就是简约的白色，简约的设计，看似简单但是品质不凡，内胆质量非常好。而且这款电饭煲非常智能，可以用手机进行远程操控，连上手机后，就可以操作，省时省力。其独有的压力和加热曲线，会让您煲出来的汤味道鲜美，享受高品质的生活。"这样将产品与消费者喜欢的生活方式联系在一起，就很容易被消费者接受了。

▶ 方法二：帮助消费者建立联想和关联

营销人员在卖商品时，要努力让消费者看到、听到该品牌就产生对某种生活方式的联想。"伊利诺伊时尚馆"是家具品牌，将消费群体定位为中产阶层，力争为这一群体提供有品位、时尚的生活方式。而作为家具业的同行，"宜家家居"则是设计简约和年轻生活方式的代表。

2017年3月，MUJI（无印良品）在北京西单大悦城盛大开幕，小小的一个店铺引得粉丝蜂拥而至。为什么无印良品如此受追捧呢？这是因为它的产品和消费者欣赏的生活方式高度契合。

MUJI是一个生活方式的商场（life style store），它代表"简洁朴素、自然环保，注重设计"的生活方式的商店。网上曾有这样一段介绍它的文字："无印良品是当今日本甚至全世界都知名的品牌，它的设计理念、美学主张、素材选择等，已经不仅仅局限于品牌本身，它是一种生活方式的代名词。"

无印在日文中是没有花纹的意思，也是无品牌的象征，这不仅反家居业，而且是反商业经营模式而行之，但是无印良品的粉丝却依然对其推崇备至，究其原因，就是因为它的设计让消费者建立起了联想和关联。

无印良品首先去掉了商标，大多数的产品主色调是白色、米色或黑色，也就是去掉了一切不必要的加工和花色，简单到只剩下材料和功能本身。除了店面招牌和袋子上的标识，在商品上看不到它任何的品牌 logo。

良品则表明了其质量的高端，言外之意就是，商品虽然简单，但是品质却不简单。消费者看到这样的商品，很容易联想到简单、自然的生活方式，还会有质量过硬的印象，这正是无印良品的精明之处。

》方法三：进行感性化的宣传

向客户介绍时不要停留在产品的硬指标上，而是要进行感性化的宣传，甚至走情感营销路线，通过提问对消费者进行渗透，从而触动消费者的神经，让消费者做出购买的决策。因为消费者对一种产品认同，首先是从意识上的认同，然后才会注意一些具体细节。

"SOHO 现代城"是位于北京国贸的绿色生态建筑。从名字上就能看出来，SOHO 现代城是专为"SOHO 族"设计的，以满足这一目标群体渴望的居家办公的生活方式。

"SOHO 族"专指那些能够按照自己的兴趣爱好自由选择工作，不受时间和空间限制的高级白领。如今，这种自由的工作方式吸引了越来越多的有能力的年轻人加入进来，尤其在互联网被广泛运用的时代背景下，居家办公已经成了流行的时尚。

"SOHO 现代城"是非常前卫的设计，在其开发之初、在"SOHO 族"尚不被认识的时代，就已经瞄准了这一群体，并在取名时贴上了鲜明的标签。而内部设计更是以居家办公的需求为核心，最大限度地提高了能源和空间的使用效率。不仅能满足居住需求，还能满足办公需求。

毫无疑问，这样一个为特定群体设计的产品就是在贩卖居家办公的生活方式。所以，企业在对外宣传营销时，没有像推销其他楼盘那样向消费者推销地段、交通、配置、绿化、升值空间等常规概念和硬性指标，而是瞄准目标群体倡导"居家办公"的生活方式进行感性宣传，最终使"SOHO现代城"成为了人们眼中的代表标志性群体的标志性建筑。

总之，销售人员要想将产品更好地卖出去，就需要在产品同质化的当代社会，将公司的产品或品牌演化成某一种生活方式的象征，引导和影响目标消费群体的生活状态和习惯，以此引起消费者的注意和共鸣，勾起消费者的购买欲。

5.5

问出异议,找到卖点突破口

销售人员与客户既是潜在的合作关系,也是永恒的较量关系。客户会对销售人员的建议或推荐质疑,是非常常见的情况。那么,客户表达出疑问之后,应该怎么做?

先记住一句话:客户永远是有问题的。

就算是推销全世界最好的产品,客户仍然会提出一大堆挑剔的问题。每一个疑问,都代表客户的一个关注点。将客户的疑问综合起来,就能找出客户的需求,这些需求就是突破客户戒备心理的必要条件。因此,如果客户是因为不了解而产生异议,销售人员就要让客户了解;如果客户是因为不满意或不信任产生异议,销售人员则要提出问题,问出客户的具体意见是什么?以及如何可以更好?

再记住另一句话:客户一定会接受正确的建议。

再能挑问题的客户,也不会拒绝好的建议,因为买到心仪的商品永远是客户的第一要务。因此,只要销售人员能够给出及时、准确、贴心的建议,客户一定会接受。

场景:

客户:"面积两居或三居都可以。"

房产销售:"那您更倾向于两居还是三居呢?"

客户:"我倾向于三居,毕竟以后有孩子了三居的更宽敞,但是经济方面暂时不允许,所以还是选两居吧。"

通常到这个时候,一些销售人员就按照客户的意思为其提供两居室的房源,不再考虑客户所说的三居室为了以后有孩子居住宽敞这个因素了。即便客户最终能够成交一套两居室,这也不是一次成功的营销。因为客户有购买三居室的倾向,只是暂时有些困难,为什么不帮助客户想想办法,努力一下呢?

房产销售:"您准备近几年要孩子吗?"

客户:"两三年之内吧。"

房产销售:"这样的话,我认为三居更合适,还是应该给孩子创造更好的成长环境。如果有了孩子,两居室的房子就会显得局促,还需要再换,会更麻烦,而且房价说不定还要涨。您说呢?"

客户:"这我也知道,只是经济方面……"

房产销售:"的确是个问题,但也不是不能解决的。可以放宽对房子其他方面的要求,比如地理位置外扩一些,现在都有车(建立在知道客户有车的情况下),活动半径增加了,而且市区面积一直在扩展,很多原来郊区的房子现在都是好地点了。如果您能考虑一些外围的房源,不仅能有合适的三居室,价格还会便宜一些,未来的增值空间也是客观的。您觉得我的建议怎么样?"

这是一次非常漂亮的建议。销售人员紧紧抓住客户内心真实的需求,从三居室如何对家庭成员有利,到房子以后的增值来说服客户,而给出的方案则是放宽一些条件。

客户:"可以考虑,不过只有这一点能放宽,其他方面不能再放宽了。"

房产销售:"这个我知道,毕竟买房子还是要心仪,只图便宜以后会后悔的。那么,我们决定一下,将房子的地理范围扩展一下,您是可以接受的,是吧?"

客户:"是的。"

房产销售:"那好,我们现在有这几个合适的房源,您先看一下。"

整个案例中,销售人员通过询问,问出了客户的一些异议(倾向三居室),并抓住这些异议点,将更有利的卖点(房子大方便居住)的建议提给客户。只有好的建议,才能带动卖点被客户接受;只有客户有了异议,才有机会为其送上更好的建议;而只有正确的提问,才能得到客户的异议(见图5-4)。

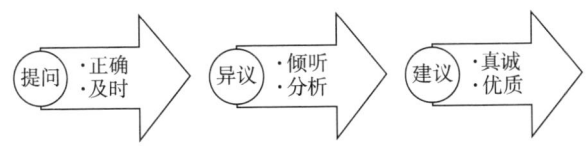

图5-4 "提问—异议—建议"的流程

提问必须满足正确和及时的条件,异议必须经过倾听和分析的过程,建议必须是真诚和优质的。这是一个步步衔接的链条,一步都不能出错,否则就会前功尽弃。

方法一:利用"封闭式提问"问出异议

问出客户异议的一个好方法是利用"封闭式提问"。因为对于封闭式的问题,客户只能用"是"或"不是"、"对"或"错"、"买"或"不买"这类的间断语句来回答。这是一种不给对方留进一步解释机会的方法,虽然多数情况不建议使用,但在探查客户有什么异议时,可以使用。

这种提问的作用是为了确认某种事实,如客户的观点、期望或者反映的情况。用封闭式问题提问可以更快地发现"问题",找出症结所在。比如,销售人员对客户说:"这是我给您做的保险计划书,您看合适吗?"或者"您难道不希望有一份可靠的生活保障吗?"或者"您是否考虑过子女今后的教育问题?"这些问题是让客户回答"是"或"不是"的。如果没有得到有异议的回答,可以继续向下进行,如果得到了有异议的回答,就必须停下来继续确认问题的具体所在,直到彻底解决。

» 方法二:通过对比原理,让客户自己否定异议

客户产生异议的条件经常来自外界。或者是客户已经购买了相同种类的产品,不想再买了;或者是其他商家的同类商品价格更低,吸引了客户的注意力。面对这样的局面,销售人员应该如何破解呢?

一个很好用的方法就是对比。通过商品间的对比,让客户对自己的想法进行自我否定。下面我们以客户已经购买了同类产品的情况为例,来具体阐述这个方法的运用策略:

一个寿险推销员去客户家推销寿险,该客户说自己已经买了其他公司的保险。当这位推销员听说客户购买的是财产险时,这样说:"您还是很有风险意识的,买一份财产险,您的财产就得到了保障。但您却忽视了自己,您本人比这份财产更有价值,因为这一切都是您辛勤打拼获得的。现在您给这些附属品上了保险,却没给自己上,这是不是有些本末倒置呢?"

推销员将财产的价值和客户个人的价值进行了比较,让客户意识到自己才是最重要的。同样的方法,推销员还可以从财产险和寿险的不同切入,告诉客户财产险没有涉及的而寿险却涵盖进去的部分的益处,进而让客户感到原来寿险比财产险更有利于人身和财产的安全。

5.6 客户的回答中隐藏着卖点

场景：

销售员："先生，这套房子的户型太好了，客厅和两个卧室都朝南，采光很充足。而且交通很方便，通州所有的公交车都在这里有站，还通地铁和高架桥。您说，咱们买房子，主要不就图住着舒心，交通便利，是吧？"

顾客："嗯，房子采光确实不错，太阳照进屋里，就是夏天时会有些热。"

销售员："这套房子楼层高，夏天的时候打开窗户会很凉快的。主要房间都朝南向的房源属于稀缺型，再加上地点好，是很紧俏的，我看您应该早下决心。"

顾客："也是。我再考虑考虑吧！"

这个场景中，销售人员和顾客实现了一问一答。看起来顾客回答了销售人员的问题，还是正面回答，但回答中却蕴含着另一层意味。

首先，顾客很"技巧"地反驳了销售人员，先认同了南朝向和采光好之间的关系，然后指出这种优势也隐藏着令其不满的地方——"夏天时会有些热"。

其次，顾客在反驳中既表达了自己对该房子的不满之处，也表达了自己对满意的房子的概念，就是在交通便利的情况下，楼层合适加上户型南北通透。不想要主要房间都朝南向的，也可能是其说出来的怕热的原因，还可能因为户型紧俏而价格偏贵呢！

销售人员要主动去理解顾客话中的含义，但这位销售员并未理解，依然自顾自地在推销这套"稀缺"的房子，自然不能得到顾客的认同。

销售就是问与答的过程。一问一答之中经常会隐藏着很多重要的信息，从这些信息中心提取最重要的，分析一下，就能找到顾客真正所需要的。那么，要做到这一点，销售人员要在哪些方面对顾客的表现更加注意呢？

▶▶ 方法一："显性回答"的信息必定有隐藏的信息

场景：

销售员："小姐，这件貂皮大衣属于经典款，是我们这里最畅销的，穿在您身上，简直是绝配。您看这皮毛的质量，是不是顶级的？"

顾客："那样穿的人会很多吧？"

销售员："嗯，是的。您看看这一件，限量款，顶级中的顶级，目前全球发售也就才五件，保证您穿出去后美煞旁人，还让她们找不到同款。"

顾客："嗯，这件更好一点。"

聪明的销售员一眼就看透了顾客的心思，即不想和别人撞衫。经典和畅销这两个元素等于告诉顾客，这款衣服会有很多人购买，顾客也直接提出了这一点，销售员抓住了，将其提炼成卖点。这就是为什么要懂得剖析顾客心理，抓住问题的关键，正确

第 5 章 抓住问题关键，提炼产品卖点

理解出顾客言语中真实要表达的意思。

以上是在顾客的直接回答中找出隐藏的信息，"显性回答"中还有两种回答是，一种是间接回答，另一种是反向回答（见图 5-5）。

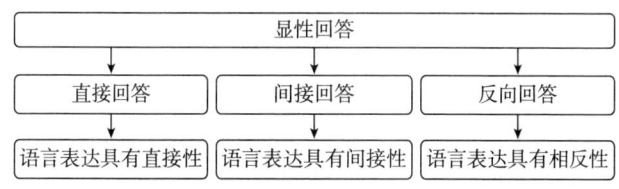

图 5-5 顾客"显性回答"的三种方式

间接回答是通过顾客的回答语言中不能直接分析出含义，而要拐一个弯。以上面的对话为例，如果顾客第一句这样回答："衣服不错。前几天看到女明星在同一个场合撞衫，很是尴尬啊！"这就是间接回答，看起来和当下要买貂皮大衣的事情不搭界，但却映射了"经典款"和"最畅销"所带来的"隐患"，就是容易撞衫。而顾客很显然是不喜欢撞衫的，销售员就要及时转换思路了。

反向回答是更加隐蔽的方式，一些顾客或有意或无意地会表达出与其本意正相反的话，容易让人产生误会。比如，上面顾客的第一句回答变成这样："经典款和最畅销不是会有很多人穿吗？"乍听起来，好像是在肯定这件衣服，因为它有很多人穿，顾客感到满意。但仔细品味过后，就会明白这是一句与本意相反的表达，顾客要告诉销售员：自己可不喜欢与那么多人穿相同的衣服。

不论是直接回答、间接回答，还是反向回答，顾客的目的都是在表达自己的意见，通常是与销售人员相反的意见。作为优秀

的销售人员，就不能仅仅听出这些意见，还要听出意见背后的卖点。

▷ 方法二："隐性回答"中有顾客透露出来的信息

相对于语言表达出来的"显性回答"，还有另一种"隐性回答"，其中所隐藏的信息一样不可忽视。"隐性回答"通常是指肢体语言，包括眼神、表情、动作、语速，比如眼神看向哪里，身体靠向哪里，站在原地不动，回答得及时不及时等。

比如，销售人员在介绍商品时，顾客嘴上也附和着回答，但眼神却四处游走或者盯着其他商品。此时，销售人员就要注意顾客为什么"走神"，因为导致顾客走神的东西，很可能就是其中意的，最起码比现在正介绍的这件要中意。

再比如，上面买貂皮大衣的女士在回答销售人员时有这样两种态度：（1）顾客悻悻地说："经典款和最畅销不是会有很多人穿吗？"（2）顾客高兴地说："经典款和最畅销不是会有很多人穿吗？"这是两种截然不同的表达，前者表达了对这件衣服的不满，因为很可能会撞衫；后者表达了对这件衣服的满意，因为有很多人都选择了。

再比如，销售人员在介绍商品时，顾客着急插话，要么着急否定，要么着急追问，这就是很有效的信息。被否定的，一定是顾客不满意的，不愿意再听介绍了；而追问的，一定是顾客感兴趣的，希望听到更多的介绍。

总之，销售人员要想了解顾客的真实想法，必须要注意顾客的这些"小动作"及所有微妙的变化，因为这些动作和变化中一定隐藏着令人兴奋的卖点。

第6章

讲方式、
有原则的提问才有效果

▼

　　提问不是客套问、随便问、强行问、胡乱问、想问就问、不想问硬问，这些机械性的、没方法的、无原则的问题不仅不会促进销售，反而会中断销售行为。真正有效的提问恰恰相反，问题要灵活、有效、有原则，如此才能从提问中获取最大价值。

6.1 提问要以客户回答轻松为标准

销售不是辩论,要问对方不容易回答的问题;销售也不是争对错,要让客户哑口无言;销售是让客户能从容回答,逐渐放下戒备心理。

其实,有这样一种现象,就是客户在购买商品时,经常会采用"沉默"策略应对销售人员。遇到这种情况,不要认为是客户不苟言谈或者喜欢沉默,而是客户不知道该怎么说。或是对产品不了解,或是对销售人员不信任。无论是哪种情况,销售人员都有"撬开"客户嘴巴的责任。但不能硬撬,要采用正确的方法。

当然,不能等待客户开口,而要销售人员主动出击。对客户进行提问,以打破客户的焦虑心情,带给客户轻松的感觉为宗旨。问的话题可以先游离到销售话题之外,比如从天气、籍贯、兴趣和衣着等方面着手。

场景:

销售人员:"你的家乡是哪里?"

客户:"扬州。"

销售人员就可以顺着扬州往下发挥:"那可是个好地方啊!风景美丽,那儿的人文气息也很好。"

客户:"是啊,我们扬州……"

谈起家乡，总是能引发兴奋。如此这般，客户会感到轻松惬意，非常容易回答。

类似的场景还有：

销售人员："今天天气真好，如果能外出郊游，一定很不错。你喜欢什么运动呢？"

客户："我喜欢跑步，你呢？"——客户配合得不错。

销售人员"我也喜欢跑步……"——顺着客户喜欢谈的话题说下去，绝对能找出源源不断的新话题。

总之，任何提问都必须以客户能够轻松回答为基准。当几个令人愉悦的话题交谈过后，客户的紧张焦虑心理就会消失殆尽。

方法一：问客户能回答的问题

与人交谈，往来提问，总要问让人能够回答的问题。能够回答，才能继续交流下去。比如某人问："今天又去股票中心啦？"对方："是啊，这几天行情不错。"某人："看来这几天是赚到啦？"对方："啊，赚了点儿。"问到这里，双方都会愿意交谈，也很容易同对方交谈。但是，接下来的提问是这样的，某人："那到底赚了多少啊？"对方："这个……不多，也就一般般。"某人："看你，这有什么不能说的？赚多少就说多少呗？说，到底赚了多少？"如果我是被问者，一定会表现出不悦之感。干什么非要问我不愿意回答的问题呢？

这就是销售人员要吸取的教训，必须要问客户能回答的问题。那些有为难之意的、令人尴尬的、故意刁难的问题，是绝不能提出的。

第6章 讲方式、有原则的提问才有效果

场景1：

顾客刚进店门。

销售人员："您是想买哪件衣服？"

顾客："哦不，我就看看。"

销售人员："没事，您看好了哪一件，我给您拿来试试。您说？"

顾客转身离开了。

怎么可以一上来就问顾客要买哪件衣服？顾客刚进来，根本就不可能知道。这就是问让顾客无法回答的问题，客户答不上来，就只能离开了。

场景2：

顾客刚进店门。

销售人员："您好，欢迎光临，您可以随便看……这些是新款，如果您看好哪件可以取下来试一试。您看那件怎么样？"

客户："那件啊……一般，我不适合绿色系的。你把那件黑色的拿下来我看看。"

同样都是顾客刚进门，这个场景中的销售人员做得就很好，先是告知了顾客购物环境宽松——可以随便看，随后又向顾客做出推荐，此时顾客无论是否接受推荐，都能和销售人员互动起来。

提出客户能够回答的问题，就可以引导客户的思维，销售人员就能牢牢掌握谈话的主动权。因此，美国著名的潜能激励大师安东尼·罗宾说："对成功者与不成功者最主要的判别依据是什么？简而言之，就是成功者善于提出好的问题，从而得到好的答案，最终帮助自己得到好的结果。"

方法二：提问与销售有关的、但要相对简单的问题

本节所举的案例，是采用了与客户聊与销售不相关的话题，通过转移客户的注意力，让客户在放松的状态下，与销售人员交谈。但也不是在任何情况下都必须问与销售无关的话题才可以让客户放松，提问与销售有关的话题同样能让客户放松下来。即提问与销售有关但要相对简单的、客户一定能回答出来的问题。也就是说，在客户感觉到气氛压抑时，将问与答的"主动权"交给客户，客户在有问必答、每答必对、每对必出彩的情况下，内心自然会愉悦。我们以电脑销售为例，比如：

（1）"您认为电脑对于当今人们都有哪些作用？"——客户一定会愉快地回答，表述自己的观点。

（2）"您觉得笔记本电脑没有鼠标，还会有人愿意买吗？"——客户会给出自己的答案，不要计较对错。

（3）"这款一体机与台式电脑对比，您更喜欢哪一种设计？"——同样是把主动权交给客户，任由客户自由发挥。

6.2
问题越具体，客户越容易回应

有两句问话："您要买什么？""您要买实木地板还是复合地板？"

请问：这两句话的差别在哪里？最大的差距就在于提问的明确性上。前者提问得很模糊，什么都没有指明，让对方如何回答呢？后者的提问就很详细，直接问出了目标，客户可以选择其一，也可以全部否定，给出自己的答案。

这就是提问的具体程度对于沟通的影响（见图6-1）。提问得越具体，对方的回应就越容易，而让对方回答得容易，是交流中必须要达成的。所以，我们会看到很多沟通高手，无论与他人沟通什么内容，都能以非常简练清晰的语言表述出来，也能用具体而简明的提问让对方容易回答。

但是，有很多销售人员却不明白这个道理，经常会提问客户非常模糊的问题，如"您要买什么？"或者"您要点什么？"这样的问话，几乎到处都能听到。如果我是被提问的客户，我的回答只能是"随便看看"。

因此，想要让客户开口与销售人员展开互动，就要问得具体，问得明确，问到客户必须做出详细的回答。

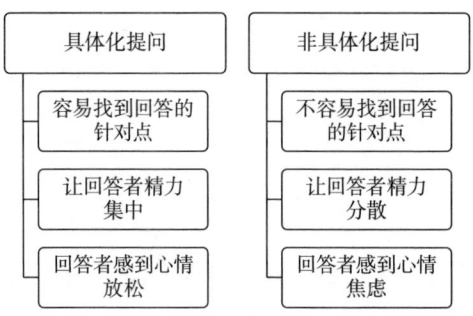

图6-1 提问的具体和非具体对沟通的影响

场景:

一天,五金店里来了一位顾客,递给销售人员一张纸,并说道:"我需要这些油漆,每种颜色各要两桶。"

销售人员:"好的。我可以立刻替你把它们调好,你想要什么样的固色剂呢?"

顾客:"我不知道,有什么可供选择的?让我看看也行?"

销售人员:"有好几种呢,但得请您告诉我,您要用油漆刷什么东西?"

顾客:"黄色是厨房用,蓝色是客厅用。"

销售人员:"哦,明白了。我建议您厨房用带有光泽的油漆,因为它能形成硬度大一点的漆面,让您在清洗炉具及其他被溅污的地方时,更容易擦拭掉。至于客厅方面,是普通的起居室,还是接待客人用的客厅?"

顾客:"接待客人用的,我们另有一间起居室。"

销售人员:"那么,我建议您用浅薄的油漆,因为看起来感觉较为柔和。虽然不可以时常清洗,但对于您的客厅来说,应该不是什么问题。"

顾客:"好的!就替我把这些油漆调好。当我想要翻新浴室时,或者你可以再提供给我一些意见。"

该案例中,销售人员对于客户的提问非常具体,得到了油漆的详尽用途。客户的每一次回答都没有丝毫犹豫,根据销售人员的思路,一句一句地给出了答案。客户回答时没有丝毫压力、顾虑、疑惑,自然就会说出最真实的想法,这也说明,销售人员通过提问,获得了客户信任。有了这些前提之后,对于交易成功和日后交易非常有利。

那么,对于将问题问具体的情况,还有没有其他的方法呢?

方法一:把复杂的问题进行分解

将问题分解,就是拆分问题,这种方法一般适用于价格比较昂贵的产品,或是客户表态商品价格偏高时。销售人员将原本的大问题拆分为一连串的小问题,让客户逐渐脱离大问题的束缚,产生愿意购买的欲望。

场景:

客户:"太贵了!"

销售人员:"您认为贵了多少?"

客户:"贵了一千多。"

销售人员:"那么我们假定贵了1000元。"说罢,拿过一个计算器,在上边按下1000的字样,继续对客户说,"您想这件沙发能使用多少年?"

客户:"七八年差不多吧。"

销售人员:"好,那就定为使用7年。为了方便计算,咱们将贵的钱数调整为1400元。"说着将计算器的数字1400除以7,

显示出了200的数字，继续对客户说，"您看，按照您的想法，每年多花费200元。每一年我们在各种场所不知道花出去多少值得与不值得的200元，可我们也没见怎么心疼。而现在您每年多花200元，就能用这么漂亮的沙发，它将给您带去几年愉悦的心情，您说值得吗？"

客户听着没有说话。

销售人员继续说："我们再看看每月呢？"说着又用200除以12，计算器屏幕显示出16.6666……继续对客户说，"也就是每月多花十几块。再核算到每一天，也就是几角钱。对吧？"

客户："是的。"

销售人员："几角钱，我们还会在意吗？如果现在让您每天多付出几角钱，来享受这个沙发带来的幸福感，您是不是立即就同意呢？"

客户："是的。"

该销售人员将客户嫌价格贵的大问题，用拆分价格的方法，将问题也拆分了。接受贵一千多元是个挺大的难题，但如果是接受一年贵200元，就容易得多了；若是再下降为一个月贵十几元钱，一天贵几毛钱，这还是个问题吗？这就是将问题具体化的另一个好处，直接将客户的忧虑给拆散了。

▶ 方法二：问客户"这项要求的具体含义是什么？"

作为一名销售人员，主要任务就是帮助客户找到最合适的商品，因此，就要将问题提得细致，尽量掌握客户对商品要求的细节。

就好像找女朋友，标准总会有几项，比如人要长得漂亮、受

第6章 讲方式、有原则的提问才有效果

过良好教育、有一份稳定的工作、心地善良、孝顺父母、身体健康等。那么，漂亮的衡量标准是什么？不同人眼中的漂亮标准是不一样的，因此就要问一问"你心中的漂亮是怎样的？"对方会具体到身高、体重、脸型、发型、眉毛、嘴型、鼻子、皮肤、身材等特征上。那么受过良好教育的标准又是怎样的呢？也要问一问"你认为良好教育要达到怎样的文化水平？"对方又会具体到学历、学位、就读学校、所学专业和读书成绩等方面。

同样的道理，放到销售中来看，当客户说出了一个要求后，销售人员一定要具体问一问"这项要求的具体含义是什么？"

比如：客户想买一辆经济省油的车。销售人员就要问："您认为的省油标准是多少？"如果客户能直接给出答案，固然是好，但多数情况下，客户是给不出具体答案的，因为客户对商品通常不是很了解。这时就需要销售人员将问题具体化，比如可以这样问："您觉得百公里油耗 8 升算省油吗？"或者"是要达到甚至低于百公里油耗 7 升才算省油？"客户会给出自己心目中理想的标准，作为销售人员也不能唯客户之命是从，毕竟还要结合客户对商品的其他要求而定。如果客户想买一辆 QQ 车，那么他认为的经济省油就要达到百公里油耗 6 升。如果客户想买一辆悍马，那么就要让客户知道百公里油耗 14 升，就算是省油了。

作为销售人员，如果在还没有完全了解客户的衡量标准的具体含义之前，就草率地提出自己的方案，以为可以满足客户的购买需求，这种行为用一句流行话概括就是"你以为你以为的就是你以为的吗？"聪明的销售人员，一定是懂得将提问具体化的，进一步地了解客户所提出的基本要求背后的真正内涵。

6.3 压力性提问，激发客户的购买欲

"鲶鱼效应"如今是人尽皆知。在装活沙丁鱼的箱子里放进一条鲶鱼，刺激沙丁鱼游动，就能保证沙丁鱼的存活率。因为沙丁鱼受到了天敌的刺激，一直处于巨大的压力之下，这种压力不仅没能削弱沙丁鱼的生存概率，反而提升了。

在销售中，是不是也可以用到"鲶鱼效应"呢？答案是肯定的。虽然，销售是要以给客户制造轻松氛围为主，但凡事都有例外，在某些时刻，给客户一些压力，让其缩短思考时间，也有助于激发客户的购买欲望。具体的应用方法如下：

▶ 方法一：价格压力提问法

场景：

A是某机械厂销售员，目前正在跟客户洽谈生意，已经进行到最后阶段，但客户仍然在犹豫，不肯签订合同。A很清楚客户此时的心态，就这样说："您知道吗？现在我厂的供货很有限，您现在如果不做决定，下个月就将涨价，至于涨价的幅度还未定，不过应该不会低于百分之三。如果那时再购买，就等于提高了产品竞价，是不利于市场竞争的。您说是不是这个理？"

A很清楚自己销售的产品的特性。机械产品是价值很高的生产资料,不是日常消费品,因此客户购买是需要获得回报的,所以会非常慎重,哪怕是到了谈判的最后阶段,依然在进行反复思考。客户应该会想:"是不是一定要购买?"或者"是不是现在就购买?"或者"是不是要在这家购买?"或者"这个型号的机器是不是一定合适?"等等,都是导致客户犹豫的原因。而此时,销售人员在价格上给客户施加压力,搅乱客户的思考重心,当"即将涨价"的压力占据上风后,客户就会购买。

方法二:数量压力提问法

场景:

顾客:"这套衣服还行,但是这个颜色我觉得不太好,紫色的会有人穿吗?"

销售人员:"当然有啊!您知道现在这款衣服紫色的还剩几套吗?"

顾客:"不知道。"

销售人员没说话,继续看着顾客,顾客又说:"难道就这一套了?"

销售人员:"对喽,前天下午到货的,现在紫色的已经要脱销了。您说说,这套衣服会不会有人买?其实,我是很佩服您的眼光的,一下子就挑中这个款式,还一下子就选出了紫色,一看您就是很时尚有品位的人。我看哪,您一定要买下这套衣服,跟您特配,您不觉得吗?"

顾客:"是哦,是挺配的。可是就剩这一套了,也没有新的了。"

销售人员："卖得这么快，您要旧的也没有啊！这套就是全新的，之前没有人打开过。您的运气也是真好，就剩下一套您就赶上了。您看，是不是包起来？"

这个销售员先后两次用了数量压力提问法。第一次是故弄玄虚，让顾客猜一猜还剩多少件，至于真的剩几件，这不重要，销售人员都会告诉顾客只剩一件。第二次是旋风快打，让顾客的紧迫感更加强烈。顾客想要新的可以理解，但销售人员已经跟顾客说了只剩一件，不能出尔反尔，因此再在客户的购买欲上添一把柴，不信客户不乖乖掏钱。

▶▶ 方法三：时间压力提问法

场景：

某商店有一批去年款式的服装需要处理，连续在门前的宣传牌写出了"降价处理"和"买三赠一"的宣传，可是效果甚微。一天，店长决定变换策略，将店外的牌子改成了：限时抢购！全市最低价，只卖三天！

店很快便门庭若市，之前还无人问津的旧款货，转眼成了畅销货。到了第四天、第五天……牌子还是挂在那里，但人们对此视而不见，依旧络绎不绝地前来抢购这些"限时销售"的衣服。到了第八天，所有的库存一扫而光了。

人总有"更好"或者"是否还有更好"的潜在意识存在，比如我们常会听人说"没有关系""时间还没到""还没有达到满意的程度"等。一旦出现了"还没有……"这句话时，再要让人采取决定性的态度就非常困难了。

与"还有"的意识相对的就是"只有一次"的意识。如果让客户了解到"只有一次",客户对商品的占有欲就会被激起,会在没有丝毫抵抗的情况下采取决定性行为,因为人的天性里对于"只有一次""最后一次"是特别没有抵抗力的。这点可以从拍卖的广告词中得到证实。如果广告上写着"这是最后一次机会",人们就会觉得如果不去买就会错失良机,甚至有所损失。

方法四:心理压力提问法

场景:

A是房产中介销售员,正在销售甲、乙两座别墅。因为委托房主急等用钱,并保证给一笔佣金,他要尽快卖出甲房子。在跟客户洽谈时,A说:"您看这两座房子都不错吧?但现在甲房子已经在两天前被人预订了,咱们去看乙房子吧,甲房子看也没有意义。"

客户有些不甘心地说:"别呀,即便被人预订了,也去看看吧,就当是个参考也好啊!"

A装作挺无奈的样子说:"好吧。"

A的一番话,在客户心中留下了"甲房子已经被人订购,肯定不错"的印象。因此,客户的潜意识里会觉得乙房子不如甲房子。可以想象,如果过几天A告诉客户,有机会买甲房子了,客户一定会觉得万分庆幸,会很痛快地成交。

大部分人都有这种心理,越是难得到的东西,就越想得到;越是不让知道的事情,就越想知道。因此,优秀的销售人员懂得利用客户的"得不到便是好"的心理,适时地在客户的心头"插上一刀"。当客户眼睁睁看着好商品被别人抢先一步后,那种失落的、别扭的、不服气的心理会被激发,对商品的渴望程度也会增加。

好的销售都是提问高手

6.4 借助暗示的力量击破客户的防线

场景1：

客户："你们的售后服务怎么样？"

销售人员："您放心，我们的售后服务绝对一流。我们公司多次被评为'消费者信得过'企业，我们公司的服务宗旨就是顾客至上。"

客户："我的意思是说假如产品出现质量问题，你们会怎么办？"

销售人员："我知道，您是担心商品万一出现问题怎么办？您尽管放心，我们的服务承诺是出现质量问题一个月之内无条件换货，一年之内免费维修，并同时提供24小时的上门服务。"

客户："哦，我再考虑考虑吧。"

场景2：

客户："你们的售后服务怎么样？"

销售人员："我很理解您对售后服务的关心，毕竟谁也不希望被产品的质量所累。我能问一下，您以前曾因为售后服务不佳而受到困扰吗？"

客户："是的。以前买过类似的产品，用了一个月就漏油，返厂修好后，过了一个月又漏油，再去维修时，厂家跟我要3400元维修费，说是我使用不当导致的。我跟他们理论也没用，东西也没修。"

销售人员："唉，怎么可以这样！您看看我们这款产品，采用的是意大利 AAA 级标准的加强型油路设计，这种设计具有极好的密封性，在正负温差75℃的范围内，或者是润滑系统失灵20小时的情况下，都不会出现油路损坏。为此，我们做过上万次的实验，是绝对可以保证的。当然，任何事情都可能有万一，如果真的出现了漏油的情况，您也不用担心，我们的售后承诺是一个月之内无条件换货，一年之内免费维修，同时提供24小时的上门服务。您觉得还有什么不放心吗？"

客户："那好，这我就放心了。"

上面两个案例，客户问的是同样的问题，得到的答案其实也一样，宗旨都是"一个月之内无条件换货，一年之内免费维修，并同时提供24小时的上门服务"。可为什么场景1的销售人员没能留住客户，场景2的销售人员却留住了客户呢？

原因就在于，场景2的销售人员运用了暗示的方法。他在给客户解释售后服务之前，先问了客户曾经遭遇的"不幸"，然后针对"不幸"展开暗示，目的就是让客户明白，而且相信我们企业的产品是绝对可靠的，售后也是绝对可信的。

》方法一：直接暗示提问法

直接暗示提问法就是销售人员把购买商品的意义，直接提供给受暗示的客户，使之能迅速地受到销售人员观点的感染。直接暗示就是不绕圈子，一路直行，直插客户的内心。这样不仅能使受暗示的客户迅速接受，而且还可以保证客户不会对销售人员所提供的信息产生误解。

场景：

客户不想更换新车，销售人员对其展开说服。

销售人员："您的车七年了，现在状况怎么样？"

客户："还可以，虽然有点旧，但不影响开。"

销售人员："但是多多少少还是有些小毛病吧？"——暗示

客户："是的，哪能没有点儿毛病呢？"

销售人员："这就使得您的用车成本增加了吧？"——暗示

客户："是的。前几天刚换的正时皮带。"

销售人员："那可不便宜。您有没有感觉车的油耗增大了？"——暗示

客户："有增加，曾经一箱油能跑900公里，现在跑不上800了。"

销售人员："您觉得车龄对车的可靠度有什么影响？"——暗示

客户："影响是有的，跑一些路况复杂的路还是会有些担心。"

销售人员："您认为去修理厂找到七年前的汽车零部件是不是会有些困难？"——暗示

客户："是这样的，修理厂的人跟我说过，有些零部件就是找到也是别的车上拆下来的。"

销售人员："那您觉得是否有必要买一辆新车呢？"——暗示结束，直接询问

客户："那你有什么好车推荐吗？"

这就是直接暗示，每一句暗示性提问都是围绕车进行，通过

一步步地深入，客户逐渐感受到开旧车的"危机感"，然后主动接纳了销售人员的建议。

方法二：间接暗示提问法

间接暗示提问法是把由商品延伸出的意义，间接地提供给受暗示的客户，使之通过自己的理解，逐渐被销售人员的观点感染。间接暗示就是不直接执行，需要绕个弯子，缓缓地渗透到客户的内心。

场景：

身为某饭店老板的客户因为已经购入了大量手纸，因而不想再购买手纸，销售人员展开劝说。

销售人员："您是否知道顾客进入洗手间，多数都是拽出一大条手纸的现象？"

客户："是的，这我知道，手纸的质量一般，也不能怪客户。"

销售人员："那您就没有想过要改变这种状况吗？"

客户："也想过，可是……"

间接暗示特别适合应付竞争激烈的情况。销售人员若直接对竞争对手的产品进行攻击，一定会引发客户的不悦，很可能因此失去客户。若是用间接性暗示让客户明白，会收到更好的效果。

6.5 利用反问，让客户自己回答质疑

在教学中，当学生不能正确回答出老师的问题时，优秀的老师并不会急于去纠正学生的错误，而是会针对学生们的错误提出反问，让学生们继续思考，自己发现错误，并且得出新的、正确的结论。

反问式提问不仅在教学中得到有效运用，在销售沟通中也有着独特的作用。尤其是在客户对商品产生质疑时，销售人员的一句反问会使得客户思考。若是不进行反问，客户不仅不会思考，还会坚持质疑，而一些缺乏经验的销售人员还会在这个时候反驳客户的质疑，这将直接导致与客户的矛盾升级，会让销售无法进行下去。

那么，当客户质疑时，销售人员采用怎样的反问最有效呢？

场景：

一位药品销售代表来到某药店。药店老板对其推销的药品有质疑，就问道："这种药的疗效好像没那么好吧？"销售代表很认真地反问："您为什么说这种药的疗效不好呢？"老板有些语塞，但又问了一句："这……我是听说的，但也说明无风不起浪吧？"销售代表继续反问："捕风捉影的传闻您也信吗？"

在销售中有这样一句真理，叫"不怕正说，就怕反问"。销

第6章 讲方式、有原则的提问才有效果

售中,只要客户提出异议,销售人员都要予以回答。若以陈述句的形式摆事实讲道理,往往会引起进一步的争议。但若是以反问的形式回答,不但不会引起新的争议,还会引导客户自己回答自己的问题。可见,反问问得好,可以出其不意,变被动为主动。

▶ 方法一:悬念型反问

悬念是故事发展中,只亮谜面,不揭谜底,并在适当的时候再予以点破的一种技巧。悬念型反问是指在反问的问题中设置悬念,以引发提问者的好奇心。比如 A 问 B:"C 最近好吗?" B 反问:"你问他?他出国了你不知道吗?" A 会追问:"出国了?!什么时候的事啊?"

如果用到销售行为中,悬念会激起客户的好奇心,引发客户的追问,这样销售人员就可以借机展开推销了。因此,悬念型反问通常用来处理客户的异议,让客户将心思从自己提出的异议转移到销售人员反问的问题上。

场景:

顾客:"我还是觉得这个牌子的奶粉没有××牌子的好。"

销售人员:"您还买那个牌子的奶粉?"

顾客:"怎么了?出了什么事吗?"

销售人员:"那个牌子的奶粉目前在我们国内销量紧缩得严重,其中一定有什么原因,不然哪会这样?您说是吧?"

虽然悬念型反问的核心是为客户制造一个悬念的状态,但也要注意悬念设置的方法和技巧,不能过度,不能虚假,也不能故弄玄虚。

方法二：层递型反问

层递是修辞学的一种格式。它是根据语意的逻辑关系，采用结构相似语句，使语言深入浅出，由低到高，由小到大，由轻到重，层层递进，让意思逐渐深刻，表达也更加丰富。层递型反问是销售人员通过层层深化的语气，使客户加深对所叙述事物的认识，步步深入，有言简意赅、引人入胜的效果。

场景：

客户："这车是好，可我还要考虑一下。"

销售人员："难道还有比这辆更漂亮的车吗？这不正是您梦寐以求的车吗？您为什么不帮自己实现这个心愿呢？"

销售人员采用这种提问方式的时候，要注意反问的语气。不能过于强硬，不能带有讽刺，更不能带有侮辱性的词语和感觉。一旦触犯，不仅不能让客户展开反思，还会激怒客户。

方法三：疑问型反问

直接公开地表示反问者的观点、倾向，以证明、推理辩驳、抒情等手法对事物发表议论和评判，虽然貌似是提问但是答案其实已经蕴含在反问之中了。主要是用以引导他人接受自己的观点，并向对方表示自己的意见。在销售中，销售人员可以采用疑问型反问将自己要说的观点隐藏其中，让客户自己吸收理解，以产生好的效果。

场景：

客户："这个产品好像是假的吧？"

销售人员："您为什么这样说呢？您有什么证据吗？"

第6章 讲方式、有原则的提问才有效果

客户:"我看这种产品的颜色好像不太正啊?"

销售人员:"哦,这是电脑的屏显导致的。就好比用手机看同一张照片,不同品牌的手机看到的颜色是不一样的。您看,我们产品的包装上不是有质量合格证吗?"

6.6 把握好提问时的分寸

任何事情都要讲究分寸，不到位不行，过度了也不行。以销售为例，在对待客户时，销售人员说话就要讲究分寸，既不能过于强硬，也不能过于谄媚，最好的状态是不卑不亢，用货真价实的产品加上灵活多变的语言，才能收获好的效果。

但是，不少销售人员不知道该如何进行销售，若是顺利，一切都好说，若是遇到阻碍则失了分寸，用错误的方式，问出不该问的问题，说出不该说的话，导致沟通没办法进行下去。

场景1：

一位电脑销售人员为了获得客户使用电脑的信息，问了客户如下一些问题：

"贵公司目前有多少名员工？"

"贵公司有多少台电脑？"

"这些电脑使用了多少时间？"

"电脑都是什么品牌的？"

"您的业务主要包括哪些方面？"

"电脑对您最大的用途是什么？"

"您对……"

没等销售人员问完，客户就对他说："不好意思，我还有些事情要办，麻烦你先离开吧！"

如果我是被盘问的客户，也会将这样的销售人员"请"出去。我用到了"盘问"这个词，这样的提问不就是盘问吗？一句接着一句，看起来没有用过分的词汇，也很认真地在了解，但这种盘问状态衍生出的生硬感，是让人难以接受的。在这样的盘问面前，客户就像是犯了错误一样，只能一个问题接一个问题地回答。

这样的提问方式，已经超出了常规提问的范围，属于过分了。因为客户不是犯罪嫌疑人，可以被严肃地提问。客户是上帝，是需要感受到销售人员温暖的，然而不正确的提问方式不但不能让客户感受到温暖，反而会有冷漠、逼问、讽刺、侮辱的感觉。

那么，就上面场景，怎样的提问才是不失分寸？

场景2：

"您好！如果您不介意，希望能告诉我贵公司目前有多少名员工？"

"我想了解下，贵公司目前有多少台电脑？"

"您能告诉我，这些电脑使用了多长时间吗？"

"如果方便的话，您可以告诉我，您的主要业务包括哪些方面吗？"

……

这样的提问多令人感到舒服，虽然也是一个接着一个问题，但每个问题附加的修饰词和引导词很到位，不会让客户有受压迫的感觉。

那么，还有哪些容易让人失去分寸的提问方式，需要注意和改正呢？

❯❯ 方法一：避免咄咄逼人的提问

场景：

客户："今年买什么车险险种我先考虑考虑。"

销售人员："您还考虑什么呢？去年您买的三者险100万，加上座位险就很好了。"

客户："我今年想换换，不行吗？"

销售人员："我觉得您不用换。您再怎么想，也还是得买三者险吧？还是100万的踏实。座位险是保自己的，也得买吧？"

客户："我今年就是想换换。"

销售人员："听我的，您没什么可换的。我都给您的保费计算出来了，是……"

客户："我不想听。"嘟……嘟……嘟……

如此咄咄逼人，是要逼迫客户购买保险吗？这是我的真实经历，被这个奇葩推销员震撼到了，无论我说什么，她就是如此地自以为是，最终将我逼走了。其实她根本不用如此逼迫，只须简单的一句回答，我还是会选择继续购买保险的。比如在听到我要重新考虑险种时，她可以说："重新想想也好，去年觉得有不合适的，今年就换换。我们的险种很多，能满足一个人的所有需求。您需要我将车险系列的险种发过去看看吗？"听到这些，我能说什么，只能说"好的"，还得加一句"谢谢"。

销售不是强买强卖的行为，逼迫是不会起作用的，只会让客户产生厌恶情绪，导致销售失败。

❯❯ 方法二：杜绝得理不饶人的提问

当客户有了异议时，销售人员都是一副谦恭的态度，任由客

第6章 讲方式、有原则的提问才有效果

户数落,赔着笑脸,尽力帮忙解决,只为不流失客户。可是,也有很多时候,客户的质疑是错误的,这时很多销售人员就变得趾高气昂起来,反过来挑客户的不是,得理不饶人地在客户面前展示自己产品的优势。

场景:

某销售人员收到客户的异议,说其推销的布料掉色,他立即赶过去。经过一番探查,终于搞明白了,原来是机器与布料接触面的温度高于25℃了。看到不是自己产品的原因,他变得态度强硬起来,对客户说:"我就说,我们的产品怎么会有问题,这是绝对不可能的。当您说掉色时,我就知道肯定是你方的问题。果然吧!看到了吧,您以后就放心地购入我们的产品吧,绝对没问题。"

如果你是客户,会同意这位销售人员的建议吗?大多数人都会选择"NO"。怎么?犯一次错误就不行吗?谁不会犯错误呢,至于这样得理不饶人吗!记住:跟客户较真对与错是最愚蠢的行为。哪有那么多对错,谁愿意故意犯错误,都是因为不了解或者不懂得才导致的,纠正过来就可以了。

销售人员在客户出现了错误时,给予及时的帮助和关心,往往是最能打动客户的时候。就像案例中的客户,如果在得到销售人员的帮助而找出布料掉色的原因后,又能得到销售人员的谅解,那么一定会更加笃定地选择与其合作。

▶ 方法三:不能用讽刺的提问

场景:

客户:"我没有那么多钱,暂时买不了。"

销售人员:"您手上戴的是钻戒吗?"

客户:"是啊!"

销售人员:"是假的吧?"

客户:"是真的。"

销售人员:"难道戴着真钻戒的人还会没有钱吗?"

这样的销售人员借用一位小品演员的话说,就是"没事找抽型"的。客户穿什么、戴什么、用什么、开什么与其要购买什么,有必然的联系吗?有本事就将客户口袋里的钱掏出来,没本事就算客户戴着"海洋之心"也一样不会掏钱。

讽刺、嘲笑这类与人沟通的类型,都是用在敌对者或者令人讨厌的人身上。客户是敌对者吗?客户是应该讨厌的人吗?销售人员将厌恶、轻蔑、不满、反抗的情绪展现出来,就如同将一把匕首向客户投掷过去,直接杀死了交易的可能。

其实,遇到这样以经济原因不想成交的客户,应对方法有很多种。比如可以用改变交易方式的提议,"采用分期付款怎么样?"或者"可以用信用卡结账。"或者"您可以先交订金使用,待一段时间后再补齐全款。"这样说多好,任谁听了都不仅不会生气,还会考虑这些方案,很可能就成交了。

第7章

让客户的微表情做提问的指示灯

提问的发起是单方面的,但提问的过程却是双方共同维护的。想让有问有答顺利进行,就要时刻留意客户的表现。当客户表现出不愿意回答或不屑于回答的状态时,应立即停止当前问话,或者进一步转移话题。

7.1

遇到客户面露难色,改变提问方向是关键

场景1:

销售员A向客户介绍商品。客户说:"我有原材料的供应商,目前没想要更换。"A不甘心,继续对客户进行劝说。客户又说:"供应商是我的同学,我不可能更换供应商的。"

场景2:

汽车销售员B向客户介绍一款汽车,可是从他介绍开始,客户的表情逐渐从惊喜到失望,越发不自然。但B没有发觉,依然自顾自地介绍。后来客户干脆不听了,先是左顾右盼,后来又看起了手机。

场景3:

销售员C向客户介绍一款电脑,指着客户正用的电脑说:"您这款电脑要是跟我的电脑对比,功能就差了好多,而且价格还不低,您买亏了。"客户面色有些难看地说:"我觉得用得挺好的。我喜欢惠普的电脑。"C说:"其实,您就是不懂,不然不会买性价比不高的电脑,看我这款……"客户:"你不用跟我介绍,我不想换电脑,我们公司的电脑也都不换,你走吧。"

客户感到为难的情况在销售中非常常见，好像也说不出什么原因。要如何应对客户的为难呢？很遗憾，不少销售人员并不知道该怎样应对。于是，上面案例中的三个场景就成了常见状态，要么占其一，要么全占，销售人员总会从中找到自己的影子。从场景1到场景3，状况一个比一个严重。场景1的A采用持续压迫的办法，直至将客户逼到不耐烦的程度；场景2的B采用自说自话的方法，好像介绍完了就算完成任务一样；场景3的C更加过分，直接与客户"杠"起来，全然不顾忌客户的脸面。

以上这些失败的销售，都是因为销售人员没能及时察觉客户的态度变化，也没有在客户面露难色之时，及时改变与客户交流的方向，也就是提问的方向。因此，销售人员在介绍商品时，必须及时发现客户脸上露出为难的表情，然后立即停止当前的介绍，转向问另一些让客户感到轻松的话题，客户的为难表情就能逐渐消除了。那么，要如何转变提问的方向呢？

方法一：转向赞美客户

每个人都喜欢听好听的话，客户也不例外。因此，在客户面露难色时，可以立即转向给客户一些赞美，改变沟通的被动地位。

要怎样赞美呢？其实就是，有相貌，夸相貌；有才干，夸才干；有事业，夸事业。总之就是，有什么，就夸什么。但一定要注意，必须符合实际情况，是客户确实具备的优点，才能给予夸奖，不能凭空瞎夸，那样反而会让客户感到厌烦。

可以对客户的家庭情况提问赞美，包括家庭成员、家庭布

第7章 让客户的微表情做提问的指示灯

置、客户身体状况、儿女成长情况等,比如:

(1)"您家的院子真漂亮啊!是您自己来照顾吗?您工作那么忙,还将庭院整理得这么好,真令人佩服啊!"

(2)"你们夫妻感情真好,好羡慕人啊!能否赐教夫妻间维护感情的秘诀是什么吗?"

(3)"这是你女儿啊?又漂亮学习又好,将来前途不可限量啊!"

也可以对客户的思想品位提问赞美,包括评论见解、着装风格、学识修养、艺术气息等,比如:

(1)"先生,您的想法很独特,也很高明啊!您是怎么想到的?"

(2)"小姐,您的裙子在哪里买的啊?真的太 fashion 了!"

还可以对客户的公司情况提问赞美,包括发展历程、规模、信誉等,比如:

(1)"贵公司有二十几年发展史了,外界的评价也很高,这与您到来以后的努力运作是分不开的。请问,您当初为什么会选择到这家公司呢?"

(2)"贵公司是本地区高收益的代表,很多销售员对贵公司的有关人员评价也很好。不知道您能不能把工作中的经验分享一下,指点指点我这个新人?"

(3)"贵公司的信誉是真没得说,能够与贵公司合作是我们公司的幸运,更是我个人的幸运。在以后的日子里,希望能够与贵公司多进行合作,我也可以多取取经、多学学。希望您能给予机会,可以吗?"

方法二：调动客户的兴趣

客户之所以面露难色，是因为不愿意再听销售人员讲解了。销售人员不要花时间去探究客户为什么不愿意听自己讲解。越去探求越想改变，结果客户会越不愿意听。其实，客户面露难色的核心因素，是对销售人员的讲解没有兴趣。本节开篇的场景，如果销售员 A 介绍的产品能够引起客户的兴趣，客户还是愿意听的，至于供应商是不是其老同学，并不影响与 A 的交流。

如何调动客户的兴趣呢？问句的形式要比陈述句的形式效果更佳。比如我们看看下面两句话，哪一句更能引起注意。

（1）"这款音响设备可以让你的生活更加时尚，更加有乐趣！"

（2）"你是不是希望自己更加时尚，更加有乐趣？"

显然我会注意，因为问句的形式更能激发我的兴趣。当客户被提问时，注意力会比较集中。但要注意：在任何情况下，只要销售人员以问句的形式推出"诱饵"，若客户给予回答更好，若客户没有回答，就要在 30 秒内自己进行回答，如果只问不答，客户很可能会认为销售人员是在质问自己。

7.2 客户眼神专注时，可以进行更深入的提问

在销售过程中，客户会产生一系列复杂、微妙的心理活动，包括对商品质量担忧、是否真的需求、成交数量、成交价格等诸多想法。客户的心理对能否成交起着至关重要的作用，因此优秀的销售人员都懂得对客户的心理予以高度重视。

当客户的心理产生变化时，表情也会随之变化。比如，客户的眼神专注起来，代表客户有了哪种心理变化呢？

专注是一种很好的状态，人们工作、学习时都离不开专注。专注对于销售也是一种很好的状态，如果发现客户的表情逐渐开始专注，就说明客户对商品是有一定兴趣的，可以进行更深入的提问。

场景：

销售人员A正在将一台新款复印机推荐给客户。客户起初是抬头听A介绍，后来逐渐低头将眼光落到复印机上，愈发专注地注视。A看到了客户表情的变化，不失时机地问道："您是否想要购入一台呢？"

客户显得有些犹豫地说："我考虑一下。"

A仿佛读懂了客户的心理，他知道这个"考虑一下"代表是有兴趣的，只是不想这么快下决定而已。于是A继续问："既然

您说要考虑，那么我可以理解为您对我们的产品有兴趣，是吗？"

客户："这……是的，我的确挺有兴趣，但我需要考虑考虑。"

A明白，客户是不容易做决定的性格，一定要给对方考虑的时间，但也不能任由其考虑起来没完，还需更深入地提问，他问："考虑是非常有必要的，换作我，也会进行考虑。但我认为考虑不如亲自试验，我可以将这台机器送到贵店，您先试用，如果合适就留下，不合适再联系我们，我们负责上门取回。当然，这个期间不收一分钱费用。您看这个提议可以吗？"

事情进展到这个程度，对于这样的建议客户是一定不会拒绝的。而一旦接受了建议，再加上本就对产品感兴趣，客户购买的概率是非常高的。

该销售人员能将销售逐渐进展到这个程度，第一步就是发现了客户专注的神情，然后进一步提问，确认兴趣的存在，再然后就是让客户将兴趣持续下去——提出试用的建议。

由此可见，在客户表现出专注的神情时，就可以进行更深入的提问，因为这是客户赐予的良好契机。

▶▶ 方法一：将客户对商品的模糊变为具体

销售人员在销售商品时，必须让客户感受到商品的真实感。比如，让客户闻闻商品的味道，摸摸商品以获得手感，让客户亲自试用以感受商品的价值，或是让客户站在特定的角度来欣赏商品。之所以要进行这一步，是要让客户尽可能地调动他们的多方面感官，以此对商品的专注更加深入。

比如，在销售化妆品时，销售人员先让客户抹一抹，然后问:"这瓶化妆品您抹在脸上是不是感到很润滑且不油腻?"再比如,在销售纸张时,销售人员先让客户摸一摸,然后问:"您是不是感觉纸张的质感很光滑细腻?您再撕开一张,看看里面的纤维是不是很均匀?再闻一闻是不是有一种新鲜的纸香气?"

在客户亲自动手感受的同时向其提问,客户更容易找到感觉,这种感觉对加深客户对商品的兴趣、专注度更有促进作用。

某销售人员正在销售一处假日度假房产。他运用商品具体化方法,通过对商品的立体化"构图",全方位调动客户的感官世界,以引起客户的想象。下面是销售人员的经典用语:

(1)"您是不是想听到海浪冲击崖壁的声音,还有海鸥低飞时的叫声?"——听觉

(2)"您是不是希望在惬意的周末,坐在阳台上就能闻到松树或刚刚收割的稻秆的香气?"——嗅觉

(3)"你愿不愿意拿起大地里生长的草莓,尝一粒,看看是不是有酸酸甜甜、花蜜般的味道?"——味觉

(4)"您是不是希望闲暇时坐在一只独木身上,悠闲地划桨?"——触觉

试想,如果你是客户,听到这些话,会是怎样的感觉?脑海中是否出现了那美轮美奂的画面,是不是迫不及待地想要去亲身感受一下?

》方法二:借助一些额外的手段让客户的专注更进一步

将商品向客户演示,历来都是很好的销售方法。但却不是每个人都能用好这个方法,原因就在于没能进一步引诱出客户的购

买欲望。更有一些失败的演示,不仅没能借助客户对商品的专注感进一步引发客户的兴趣,反而让客户对产品没了兴趣。

场景1:

某净化器品牌的导购员A正在向顾客讲解接下来要进行的演示,他说:"这款机器具有高效的活性炭、HEPA过滤性能。一会儿我要将香烟点燃,顺着空洞塞入这个密封的透明箱体内。待烟雾弥漫时,我将按下'过滤'按钮,不出几分钟,烟雾就会消失无踪。怎么样?大家想看吗?"停停走走的顾客不少,不少人都是站住听两句就离开了,有的顾客催促说:"你倒是开始啊!不然我就不等了。"等到A开始做演示时,也没有几个人看。

场景2:

某净化器品牌的导购员B正在向大家进行过滤功能演示。只见他边演示边说:"现在我将点燃的香烟塞进箱子里……看,烟雾开始弥散了……红灯亮起来了,表示箱内'空气混浊'。现在,关键时刻到了,我要按下机器的'过滤'按钮,大家帮忙计时。好,开始(按下'过滤'按钮)!大家仔细看,烟雾正在悄悄被吸走……看,箱子里越来越清亮了……好,绿灯亮了,表示空气洁净程度达标了。请大家看看表,一共用了多长时间?"有位客户回答:"1分38秒。"B神气地说:"不超过两分钟!我就知道。大家知道为什么这台机器这么神奇吗?因为它有高效的活性炭加HEPA过滤功能。"

这两个场景取得的效果完全相反,原因就在于销售人员运用的方法。其实,只要有客户愿意停下来听,除了少部分凑热闹的外,大部分都是对商品有一定兴趣的,甚至有非常感兴趣的,正因如此,他们才愿意停下来专注地听销售人员的讲解或是看销售

第 7 章 让客户的微表情做提问的指示灯

人员的演示。这种专注是发自内心的,只要善加利用,一定会被进一步扩展的。但场景 1 的导购员 A 却没有重视客户的这种专注,而是采用了"故意拖延 + 制造悬念"的失败战术,将客户的耐心拖没了。场景 2 的导购员 B 就聪明了很多,在客户对产品有了专注感后,立即抓住,采用"边演示边讲解"的策略,将客户对商品的专注度进一步提升。

7.3 客户上扬嘴角,是对你提问的肯定

发愁与快乐是两种截然相反的状态。发愁时,人的嘴角向下耷拉,愁眉苦脸;快乐时,人的嘴角向上扬起,眉开眼笑。看到了吗?除了眼睛可以表现喜怒哀乐,嘴也可以表现。因此,当看到某人嘴角向下时,我们就会知道这个人目前不开心;当看到某人嘴角上扬时,我们也会知道这个人现在是开心的。

除了在生活中观察他人,在销售中观察客户也可以用上这个方法。客户的嘴角向下,说明客户对商品或者对销售人员的介绍无感;客户的嘴角上扬,说明客户对商品或者对销售人员的介绍有感。

为什么客户嘴角上扬?因为是对销售人员推销的一种肯定的表态。或者客户是有意为之,想给销售人员一个肯定的信号,这种情况常见于商务谈判行为中;或者客户是无意为之,只是内心认可后不自觉的一种表现,这种情况常见于日常购买行为中。因为商务谈判是互动性的活动,即便客户占据主动位置,也需要考虑与销售人员的适当互动。而日常销售虽然也是互动,但毕竟涉及面很小,属于快买快销的活动,买卖双方都希望能隐藏各自的内心活动。

那么,当客户嘴角上扬时,作为销售人员应该怎样做呢?

第7章 让客户的微表情做提问的指示灯

场景：

某女士下班后去药店选购了两包夏桑菊颗粒，在等待结账时，一位销售人员过来对她说："大姐，看您买的是祛火的冲剂，您最近是上火吧？"

女士："是啊，最近总觉得胃里火烧火燎的。"

销售人员："现在是春天，人容易上火，来买退火产品的人不少。所以我们药店引进了一种祛火作用非常好的广东凉茶，前些天都卖断货了，今天早上刚进来的，您要不要看看？"

销售人员一边说一边观察客户的神态变化，突然看到对方的嘴角微微上扬，说明对凉茶有兴趣了。果然，女士听完后说道："拿来我看看。"

销售人员递过凉茶后，继续说："您看看这凉茶的配方，都是上等的中药，喝到肚子里那种舒爽感真的是没比的了。我前几天也买了两盒，觉得您买这个凉茶更合适。"

女士有些为难地问："我现在怀孕，这种凉茶有副作用吗？"

销售人员："没有啊，您看看上面明确标注，孕妇可以饮用。真看不出来您怀孕啊！您的身材真好！您现在服用钙片吗？"

女士："没有，我不缺钙。"

销售人员："怀孕期间服用有助于胎儿发育的钙片，是有好处的，这不是您缺不缺钙的问题。我们这里就有这种钙片，您看看吗？"

女士："那我看看吧。"

案例到此结束，无须知道这位女士是否购买了钙片，我们要学的是这位销售人员的销售策略。第一，他注意到了客户对商品的选择——祛火类冲剂，这是他接下来一系列问题的根本；第二，他注意到了客户神态的变化——嘴角微微上扬，这是他能够进一步提问的底气来源；第三，他对客户的提问立即抓住了重点——现在怀孕，这是他进行另一款产品推销的根据；第四，他在客户最为关心的地方向其阐述产品的作用——对胎儿发育有好处，这是他完成另一笔交易的信心来源。有了上述四点，销售人员的成功是可以预见的。

当然，要运用这个方法，有一点必须注意：即便客户对销售人员的提问肯定，也不表示销售人员可以不断地问下去，一定要给客户思考和表达的时间。

方法一：在客户点头时及时跟进

场景：

一顾客在水果摊前站住，先看看芒果，又看看草莓。摊主："您想来点什么？"顾客："草莓多少钱？"摊主："7块一斤。"顾客："我看你的草莓有点熟过火啊！"摊主："就是啊，所以便宜，正常应该卖10块一斤，我寻思快点卖完得了。您来点吗？"顾客："过火的吃着味道就变了。"摊主："一看您就是讲究人。现在樱桃快下市了，正是好吃的时候。我觉得啊，这一个多月不买樱桃吃，都对不起这个节气，您说呢？"顾客一边听着一边略微点点头。摊主看在眼里，立即接着话茬说："这份大的40一斤，小一点的30。味道是差不多的，就是个头儿有区别。如果您是自己家吃，买30一斤的就行，您觉得怎么样？"顾客："给我来50块钱的吧。"

不得不说这位摊主很聪明。不仅看出了顾客对吃的讲究，还看到了顾客细微的态度变化，微微点头就被他抓住了，成交了一笔生意。

方法二：如果客户未做回答却快速反问，也要及时跟进

场景：

顾客："有什么样的眼药水？"

销售人员："你是要缓解疲劳的？还是消炎杀菌的？"

顾客："消炎杀菌的。"

销售人员："我推荐×××牌的，消炎效果好，就是会有特别的刺痛感，不知道能不能适应？"

顾客："刺痛感？"

销售人员："是的，针对炎症的，炎症越重，刺痛感越强烈，若是没什么炎症，也就没什么刺痛感了。您的眼睛炎症严重吗？"

顾客："不会对视力有影响吧？"

销售人员："当然不会，这是知名品牌，也是医生经常推荐给患者用的。虽然贵了点，但效果好，副作用小。您若想根治眼部炎症，我建议您买它。"

顾客："好吧，就买这个。"

案例中，顾客两次没有回答销售人员的提问，就直接反问。这就表明客户对购买商品具有迫切的心理，还表明客户对商品的认可程度。不回答就说明客户已经相当认可了，他想要了解更多的信息，那么销售人员将更多的信息传递出来就行了。

7.4 客户耸肩,表示对提问不以为然

场景:

销售人员:"您好,请问您需要什么配置档次的电脑?"

客户看了销售人员一眼,显得很不认真地回答:"我先看看。"

销售人员:"那您喜欢什么品牌的电脑呢?"

客户:"品牌无所谓。"

销售人员:"您看看这款电脑怎么样?23寸显示屏,四核……"

客户抬起头,叹了口气,还耸了下肩膀,有些不耐烦地说:"我只是想看看,你干吗这么着急啊!"

如果让销售进行到这种状态,可就真的太差劲了,但现实中真的就有不少销售人员"非常努力"地达到了这个"高度"。这个场景就是我亲眼所见,当时客户显得很无奈,销售人员也是无比尴尬。

为什么会到这一步?我们具体分析下。可以肯定的是,绝不是客户的问题,客户进店里看电脑,就说明有一定的需求。可是销售人员不会问,连续问三个问题,一个比一个糟糕。第一个问题,还没有了解客户的基本需求,就问其要什么配置;第二个问

题,又回到询问客户的基本需求之上,可惜客户已经没有心情了;第三个问题就是一种冒犯了,客户已经显露不悦之色,销售人员却直接展开了推销,任谁都会气恼。尤其是第三个动作,客户在恼火之余还耸了下肩膀,很明显是对销售人员的提问不以为然,甚至根本不屑一顾。由此可见,准确识别客户状态的含义在交易沟通中是多么重要。

》方法一:对于客户的质疑,要进行类别化回复

客户对商品有质疑,这是很正常的状态。

比如,某客户问:"你这里东西少了点儿!"这是相当令人难堪的质疑,作为销售人员应该怎样应对呢?

如果销售人员回答:"新货过两天才到"或是"已经卖得差不多了,还没来得及上货"。看起来回答得没毛病,向客户说明了实际状况。但这样回答等于是承认了现在货品确实很少,没什么好选的,客户还会留下来吗?

如果销售人员回答:"怎么会少呢?这不是有很多吗?"给客户的感觉就是销售人员不诚实,都被看出弱点了,竟然不承认,客户也不会留下来的。

如果销售人员回答:"这么多东西,还不够你买的啊?"这种话让客户听了能是怎样的感觉?太具有攻击性了,这是奔着要和客户大吵一架的节奏!

其实,在回答客户的质疑之前,必须用心留意客户的状态变化,尤其是微妙的变化。

比如,客户虽然是质疑商品种类少,但依然专注地看着商品,说明客户对商品是有兴趣的,之所以提出种类少,是包含着

一种遗憾的感觉,如果种类多一些,是不是能好好挑挑。

再比如,客户质疑商品少时,还略微耸了耸肩,说明客户是带着一种比较的心理质疑的,把话说全了,应该是:"你这里东西少了点,赶不上另一家种类多。"

再比如,客户进来就质疑商品少,而且目光游移,表明客户对商品根本不感兴趣,是纯粹地说了一句话而已,销售人员也无须理会。

那么,对于前两种客户发起质疑的类型,作为销售人员应该如何回复呢?必须要照顾客户的面子,还要顾及自己的利益。

具体可以这样回复:"是的,您很细心,我们店里放的产品确实不多,不过每一件都是精挑细选的,里面应该有您喜欢的。如果您有什么需求,我可以为您介绍。"

还可以这样回复:"少而精是我们追求的理念,所以我们这里都是精品,请您挑选,有需要可以找我。"

先真诚认可客户的说法,然后简单地说明道理,不仅不会引发客户的抵触心理,还会赢得客户的好感。记住:销售只有一个目的,那就是把商品卖出去。在这个过程中,一切的行为都必须围绕这个目的出发。

▶ 方法二:不要被客户的不以为然吓退

场景:

一位打扮入时的妇人走进店里,在特价柜台前不停地翻动幼儿服饰。

导购小姐走到她身边说:"太太,这些都是小男孩穿的衣服。"顾客没搭话,又去了内衣裤柜台挑选。导购小姐又走过去

第7章 让客户的微表情做提问的指示灯

说:"是太太自己穿的吗?"顾客冷冷地说:"随便看看!"导购小姐说:"好的,没关系,您看吧!"

这幕景象在每家商店几乎每天都会上演,不知有多少店员满心欢喜地看着顾客到来,又无奈懊丧地看着他们离去。一句简单的"好的,没关系,您看吧!"其实是消极语言,暗示顾客随便地来,随便地看,随便地走。

如果对待客户是这种消极的状态,要想与客户进行深度沟通就是非常困难的事了。因此,作为销售人员,要想办法与客户接近,才能提高销售成功率。当客户用"随便看看"来敷衍销售人员时,销售人员要给予积极的回答,比如:"是的,买衣服就要多看、多选、多试,这样才能买到称心如意的。您可以现在多看看,等到想买的时候,就会知道哪一件适合自己。请问,您一般喜欢哪种颜色?"

将客户的敷衍变成自己接近对方的理由,探求出对方的喜好及需求,等到销售人员得到了准确的信息,就可以推荐适合客户的商品。卖衣服是这样,销售其他商品也是一样,要在不知不觉中变不利为有利。

7.5 客户的假象要及时识破

场景:

一位靓丽的"摩登女郎"来到首饰柜台前。

导购员:"小姐,您需要什么?"

女郎:"随便看看。"

女郎的回答明显缺乏足够的热情,可她仍然在仔细观看柜台里的陈列品。这时,细心的导购员发现女郎的上衣别具特色,惊叹道:"您这件上衣好漂亮呀!"

"啊!"女郎附和着,但视线并未从陈列品上移开。

导购员趁机建议:"这么漂亮的衣服,如果再配上一条合适的项链就更好了。"

女郎下意识地看了看自己的衣服,说:"我不想买项链。"但她依然停留在柜台前。

导购员:"项链是贵重的东西,不是说买就能买的,有时候喜欢也得忍痛割舍。想必您也曾有过这样的经历吧?"

面对导购员突然的话锋一转,女郎有些不适从:"哦……怎么说呢!还没有过……我要是想买就会买的,不会有什么顾虑。"说着下意识地瞄了柜台一眼。

导购指着一条项链问道:"把这条项链拿出来试试,怎么样?

第 7 章 让客户的微表情做提问的指示灯

我觉得您戴上一定非常漂亮。"

女郎:"好的。"

本例中,导购员通过细心观察,察觉出了"摩登女郎"购买一条项链的可能性很大,便紧紧抓住这一点不放。其实,面对导购员的层层逼近,女郎是有所防备的,她制造了一个不以为意的假象,希望在同导购员的博弈中能占据上风。却不料导购员没有上当,从一开始就看出了她的破绽,包括视线不离开陈列品、原地站定不动、回答得有些结巴。

因此,销售人员在交易沟通中,必须学会察(客户)言观(客户)色,也要学会识别客户伪装出来的假象。比如,某客户平时沉默少语,现在却对销售人员喋喋不休,语义也不连贯,说明他想隐瞒什么。另外,如果客户下意识地摸下巴、摆弄衣角,或将手藏在背后,都是说谎的征兆。这时销售人员就要警惕了,分析客户这样做的原因,避免上客户的当。

正因为有这些假象的存在,所以绝不能单纯地去相信表情或状态所传递出来的信息,这其中或许就带有某些伪装。我们总结出三项注意要领:

1. 销售人员在观察客户时,不能因为单一的表情信息而轻易下结论。因为人是最复杂的动物,任何人都有可能出现会错意和表错情的情况,所以要结合语言、情景、状态等因素全面了解。

2. 客户的动作、语气、表情等都跟其所处的地域风俗、文化背景、个人爱好和受教育程度有着不可分割的关系。所以,销售人员不能忽视这些因素,想要了解客户的需求,首先要了解客户独特的性格组成。

3. 有些客户为了不让销售人员探清自己内心的虚实,所以常常会戴上"面具"成为伪装者,因此销售人员必须要识破这一点。

那么，要采用什么方法识别这些假象呢？

方法一：识别"装沉默"

沉默，作为面部表情的一种，存在于任何交易沟通中。沉默并不是消极行为，而是一种不发声的语言艺术。"此时无声胜有声"，沉默中包含着许多令人回味的信息和情感。

场景：

一家美国公司和一家日本公司进行谈判。美方代表首先报出了产品的价格，日方代表不做表态，沉默了半分钟。美方代表对对手的沉默感到不安，以为日方代表觉得报价高了，于是主动提出降低价格。

这就是沉默的力量，准确地说是假装沉默的力量。作为销售人员必须在客户的力量尚未聚集之前，就揭穿这个"骗局"，将主动权夺回来。

方法二：识别"装不在乎"

场景：

有位女士到贵友大厦某专柜买鞋，店员问其给谁买，她不回答，问其想买什么样的，她也一带而过。虽然看起来这位女士表现得很不在乎，好像一双也没看上，但细心的导购员发现，她已经三次拿起来一双鞋，说明客户喜欢这双鞋，于是问道："女士，我认为这双鞋很适合您，您要试试吗？"

案例中的客户就是在装不在乎，而导购员则是识破了客户的伪装，成功地将客户的注意力引到了其中意的鞋子上。

第7章 让客户的微表情做提问的指示灯

》方法三：识别"装作做不了主"

有的客户在与销售人员进行谈判时，明明有做主的权力，却推说做不了主，有一点大事小情就要请示领导。比如降价几毛要请示领导；交货日期相差几天，要请示领导。销售人员面对这么一位似乎丁点儿权力都没有的客户，往往耐心很快就被磨尽，盼着快点结束，所以很早就会亮出底牌。这就中了客户的计策，让自己成为交易中的被动方。

因此，作为销售人员一定要有能力识别客户的这种"示弱"行为，及时得出客户可以做主的结论，也找到客户可以做主的证据。当谈判进行到关键时刻，客户使出这招"虚虚实实"时，销售人员可以及时"反击"，让客户无话可说。

》方法四：识别"装不明白"

A 销售的产品种类很齐全，还包括比较稀缺的种类。A 很识人，能够分辨客户中哪些人是识货的，哪些人是不识货的。对于不识货的客户，A 就选择做老师，用专业化讲解瓦解对方的心理；对于识货的客户，A 则选择做学生，将展示的机会留给对方。也就是说，在识货的人面前装成不明白，比如："别看我卖，可我也不懂啊！看你挺懂行的，麻烦给我讲讲，好吗？"

这种办法可以让客户瞬间提升购物自信心，还能让客户短时间便放下防备心理，客户会想：原来自己比销售人员懂得多，这样就不怕被欺骗了。当客户放下戒备，开始与销售人员正面"厮杀"了，优秀的销售人员一定能成功售出产品。

方法五：理解一种叫文化差异的"假象"

这里的假象是要加双引号的，因为这不是真的假象，而是因为文化阻隔而导致的彼此认识不清。比如，即使是面部最基本的表情——微笑，也是如此。在交易沟通中，美国人认为微笑是一种非常热情的象征，所以美国人喜欢笑着谈判；法国人对微笑则比较谨慎，他们只有在有明显的理由时才会笑；日本人在谈判过程中基本上不笑，只有在最后签约时才会露一点儿微笑。

这种个体特征谁都没错，但对于组合到一起就都错了的状态，最好的解决方式就是多去了解、多长见识。从书本里看到一个世界，走出去丈量一个世界，当知道的越多，对文化差异的理解就会越透彻，也就不怕受到差异的影响了。

这个建议不仅适用于销售人员，也适用于每一个人。

7.6 客户脚尖冲门口,就要进行挽回式提问

交易谈判有谈好的时候,也有谈不好的时候。谈好自然皆大欢喜,可谈不好就要一拍两散了。比如,客户觉得价格太高要求降价时,销售人员为了尽快成交就答应了,岂料客户因为被答应得太过痛快而怀疑销售方的应价里还有很大水分,很可能就会打消购买的念头;再比如,客户觉得价格太高要求降价时,销售人员扮演起了"铁公鸡",一毛不拔,客户会认为销售人员不好说话,伤害了自己的面子,也因为没能讲下价,觉得心里不舒服,于是,客户更加没有购买的理由了。

总之,当客户因为各种各样的理由不想购买时,无论表面上如何掩饰,身体的动作也会出卖他,最典型的就是脚尖朝向门口。这是一个不自觉的动作,也就是不受大脑中枢神经控制的动作,完全是下意识的,除非特别想要控制,才能控制住。但是,当客户不想购买时,大脑里的防备神经就会放松下来,松弛之后是很容易做出下意识动作的。

那么,有经验的销售人员一定懂得去注意客户的这一点,一旦发现客户的脚尖朝向门口,而神态也游离于自己的讲解后,就说明客户即将放弃交易了,必须要采用其他手段进行挽回。挽回的最佳方法就是提问,因为这个时候陈述已经毫无意义了,提问

才能诱发和客户的再一次互动的机会。

▶ 方法一：赠送礼物挽留法

聪明的销售人员往往会利用诱饵来打消客户要离开的想法。还以上面所举的客户觉得价格太高要求降价为例，销售人员可以这样回复："这个价格确实是最低价了，如果再给您降价，就真的要赔本了。这样吧，看您也是诚心购买，我送给您一件礼物吧。其实这个礼物值不了多少钱，但也都是入账的，算我私人掏腰包送给您了。您看怎么样？"

我敢保证，80%的情况下，客户都会同意这样的建议。其实，很多时候客户的讲价，不是真的觉得商家开出的价格多么高，就是单纯的"不讲点价不舒服"的心理。当满足不了客户这个心理时，就要满足客户另一种"多得"的心理，不论礼品价格，都属于额外收获。但选择附送礼品并不简单，有几个必须要注意的事项：

1. 礼品要有相关性

以与客户购买的产品具有相关性的礼品赠送给客户，更加能引起客户的兴趣和满足感。比如，销售空调的导购员要送给客户空调罩，销售冰箱的导购员应送给客户水果盘，销售电脑的导购员送给客户一个散热器等。

2. 礼品要方便实用

方便实用就是礼品要让客户觉得有一定的实用价值，不是好看不好用的"绣花枕头"，也不是用起来极不顺手的"坑爹"产品。

3. 礼品要有季节性

随着季节的变换，最好赠送不同的礼品。在冬天买棉被时，不要赠送客户一顶蚊帐；在夏天买空调时，不要赠送客户一条电热毯。

▶ 方法二：真诚向客户检讨自己的销售失败

销售人员可能会遇到这样的情况：给客户介绍产品时，客户不愿意听，或是勉强听一下。现在不是客户脚尖冲门口的问题了，而是客户直接离开了。很多销售人员面对这样的情况，总是不知所措。

其实，不要一味地去猜想客户的心理，也不要不断地自说自话，更不要跟客户发脾气，任何一种不妥当的处置，都会让客户更加反感。

因此，销售人员一个首要的任务，就是管好自己的嘴巴！一定要做客户希望去做的事情，说客户喜欢听到的话。就客户不愿意听销售人员的介绍而离开的情况，销售人员应该检讨自己，是不是在什么地方做得不够好？要学会真诚地道歉，主动承担责任，真诚地询问客户，以求得再次为客户服务的机会。

销售人员可以参考以下的说话方式：

"您好，您先别急着走好吗？"或者"请问是不是我们的这些产品，您都不喜欢，还是我的工作没有做到位？"或者"我是诚心想为您服务。请问，您想找的×××（商品）是怎样的风格呢？"或者"要不您可以看看其他的，这样会多一些选择，您觉得怎么样？"

这样真诚地检讨，任何人都会心生波动，一些客户还会生出不忍之心，再给销售人员一次机会。经过这一番波折后，销售人员就能够明白客户真正离开的原因。如果的确是销售人员的原因，就必须吸取教训，及时总结，积累经验，以利于未来销售工作的展开。

第8章

提问讲技巧，巧问促成交

提问不是简单的一问一答，也不是一方不断地询问，另一方机械地作答。想从销售提问中获得收益，懂得一些技巧是非常必要的。

8.1

罗列式提问，给客户多个购买的理由

有很多文章写"给客户一个购买的理由"。这话说得不错，顾客要想购买，就需要有坚定的理由作为基础，但仅仅是一个购买的理由就可以了吗？我自己买东西时的切身体会是，总是需要多个理由重复出现后，才能决定可以购买，如果仅有一个理由，往往很难让我下定决心。

于是，我要将那句话改一改，变为："给客户多个购买的理由。"一个理由不够，就再来一个，然后再来一个，直至客户完全接受产品。

当然，这就产生了一个问题，一个理由接着一个理由地"轰炸"，仿佛是在强行销售一样，这样做真的有效吗？强行销售是愚蠢的行为，聪明的销售人员是不可能这样做的。他们要在客户很愿意接受的情况下，将一个又一个的购买理由灌输给客户，而能做到这一点的好方法就是提问，具体的说是罗列式提问，将购买理由转化为疑问句加陈述句的形式。

具体应该如何做呢？我们看看下面的案例：

A是一位厨房用品销售员，这天来了一位购买电饭煲的顾客。A没有立即迎上去，而是先少许观察了下顾客，这是位三十多岁的女性，穿着比较时尚，但所看的电饭煲的价位是偏低的。

看罢，A迎了上去，笑着问："您好，您现在看的这款电饭煲的最强大功能是煮米饭，煮好后的味道满屋飘香，还有其他几款也是煮饭功能强大的，您想看看吗？"

顾客说："那这款煮粥的功能怎么样？"

A明白了，这位顾客更在意的是煮粥的效果，便说："这款的煮粥功能分三种，有'正常煮''加速煮'和'稀饭'，可以满足正常的煮粥要求了。但是要想煮出那种黏稠的粥，这款电饭煲还是有些不足。您要不要再看看其他款式？"

顾客："哦，那好。"

A给顾客介绍了几款价格更贵的电饭煲，并指着其中一款说："这款电饭煲的煮粥功能最强大，稀饭、稀粥、正常粥、黏稠粥等类型都可以煮，谁也不能总吃一种粥是吧？而且第一顿吃不了，第二顿再加热效果会怎样呢？您用了就知道了，与刚做好的一样。最令人叫绝的是煮八宝粥，专门有这项功能，您应该也喜欢八宝粥吧？同时，其他的功能也都是顶级的，您说煲汤是不是非常讲究火候？炖骨头是不是需要猛火？预约定时功能您是不是希望越简便越好？这款就是这样，可以用遥控器设定。您觉得这款电饭煲还有什么不能满足您吗？"

顾客："不能满足吗……暂时没有，就是价格有些偏贵。"

A："电饭煲不是经常需要更换的，买一个能用多少年。但是我们每天三顿饭，谁不希望吃得又好又香，既满足口感，也对身体好。多花几百元，能在未来几年都享受它给全家带来的最好的服务，我觉得并不亏，所以我买了。您觉得呢？"

顾客："嗯，你说的也是。那我也买这款吧！"

A所运用的方式就是罗列式提问，将他要推荐的这款电饭煲的优势罗列了出来，在这种看似不经意的自问自答中，顾客已经被吸引了。可以说 A 每列出一项购买理由，顾客的购买意愿就增加一点。到了最后，顾客的异议只剩下价格偏贵，A 又及时地送上了两个购买理由——一是既满足口感，也对身体好；二是多花几百元，能在未来几年都享受它给全家带来的最好的服务。客户终于被说服了。

我们看到了罗列式提问的优势，但也不能因此就肆意使用，再好的方法也有必须要注意的地方，现在将罗列式提问的一些必须注意的点列出来，仅供参考：

1. 罗列的要点不是越多越好。每款产品如果想列举的话，都能列出很多卖点和优势，想要销售成功不是将这些都罗列出来就 OK 了。

2. 罗列的要点要对客户有针对性。根据客户关心的买点罗列才能打动客户。比如本案例中，A 就围绕顾客关心煮粥的功能进行详细罗列。

3. 罗列的要点要有主有次。不分主次的介绍是不可取的，客户关心的一定是主攻方向，其他则作为副攻。上例中顾客关心的煮粥功能是主要的，其他的功能介绍就是次要的。

4. 罗列的要点不能有重复。不多赘述，重复等于没说，啰唆的销售是不可能成功的。

❯❯ 方法一：理性分析，晒出商品的购买理由

在销售中，销售人员可能会听到客户说其他商家的商品要更便宜之类的话。这或许是真实的状况，或许是客户借机压价的手段。但无论怎样，都必须要把这种麻烦的状况解决掉。如果销售人员能够理性提问了解到客户对商品的品质、服务的满意度和兴

趣度，这将对完成一笔交易有莫大的帮助。

场景：

客户："××专营店的价格可比你们这低不少，你们是不是也得考虑降降价啊？"

销售人员："先生，别家的价格可能真的比我们的价格低，我们都希望以最低的价格买到最高品质的商品，但价格和品质永远是成正比的。依我个人的了解，顾客购买商品通常都会考虑三个问题：一是商品的价格；二是商品的品质；三是商品的服务。我从未发现有任何一家公司可以以最低价格提供最高品质的商品和最好的服务，就好像保时捷汽车不可能卖到众泰的价格一样，所以'保时泰'的外观再像保时捷，它也终归不是保时捷。您说对吗？"

这段分析得非常到位，没有正面去顶客户的话，而是从商品的品质和服务的角度去理性分析，帮助客户认清楚一分钱一分货的道理，也是在告诉客户，不要总想着花低价买好商品，"保时泰"永远不可能成为保时捷。

▶▶ 方法二：将购买理由以暗示的方式传递给客户

很多时候，正面与客户交流，为客户讲解商品具有哪些优势，客户往往听不进去。因此，总能看到一些销售人员和客户交流到口干舌燥，依然被客户拒绝了。但优秀的销售人员就会在正面路线走不通的情况下，走另一条暗道，以暗示客户不购买商品可能会付出的代价。

场景：

客户："不好意思，我已经投保了。"

第8章 提问讲技巧，巧问促成交

销售人员："您投保的金额是多少呢？"

客户："××万左右。"

谈话进展到这里好像就可以结束了，客户已经购买保险了，总不能再向对方推销吧？若是新手保险推销员也就放弃了，但是事在人为，这种情况下仍然有人能谈成交易。请接着往下看：

销售人员："××万……按照保险费大概是保额的十分之一的比例计算，你的财险保额应该在××万左右。请问，以您现在的身份、地位和年收入，您认为××万保险够吗？"

客户："有就可以了，还能真出事啊！"

这是一段前情铺垫，计算出客户的保险额度，这个保险额度就是接下来暗示客户的重要条件之一，让客户自己思考，这几万的保额是不是够用。

销售人员："那怎么行呢！保险就像穿衣服，应随着环境、时间的改变而改变，也随着身份、地位的改变而改变。您现在是成功人士，通过辛苦打拼获得了幸福生活。在您踌躇满志继续向前奋进的时候，一定不希望发生什么意外吧？所以，很多成功人士都会为自己做好最稳妥的保障，比如碧昂斯给自己的嗓子保险上百万，贝克汉姆也曾给自己的右脚保险上百万，他们都是在做到有备无患。想一想，如果没有保险，哪天碧昂斯的嗓子不能唱歌了，贝克汉姆的右脚不能踢球了，对他们来说将是多么大的打击。但是有了雄厚的保险做支撑，生活就不会有太大的波动。所以，没有足够的保险只是比没有保险稍微好一点，还不能做到对您的全面保障。您说是吧？"

客户："那你觉得我应该投多少合适呢？"

不得不说，这是一个非常高明的保险推销员。全程没有劝说客户一句应该继续买保险，但说出的每一句话却都是在暗示客户，不买够足额的保险，你的生活还是有可能陷入危机之中。

更高明的地方是，推销员用了名人的事例暗示客户，碧昂斯和贝克汉姆都在为自己的未来负责，客户已经是成功人士，怎能不为自己做好保障呢？不得不说，这种暗示比常规性的暗示要高出一个等级，如果推销员这样说："人有旦夕祸福啊！谁也不知道明天和意外哪个先到来。"虽然作用也是暗示，但客户听了是不是要恼火了，简直就是诅咒啊！

可见，暗示也要讲究方式，好的暗示可以瞬间击穿客户的心理防线，让客户主动思考暗示背后隐藏的内容，这是一名优秀营销人员必须要具备的能力。

8.2 引导式提问,引导客户"是"的回答

在讨论引导式提问之前,我们先来了解一个概念——引导原理。所谓"引导原理",是销售人员通过提问,引导客户说出他们的感受与意见,让销售人员获得更多的信息,并让客户进行自我说服。

客户因为都有防备心理,所以绝对不可能主动说出自己的感受和看法,唯有依靠销售人员的正确引导,才能让客户逐渐放下防备。因此,销售人员在推销过程的每一个阶段,都应该有针对性地提问。

这种有针对性的提问,就是引导式提问,是销售人员在销售过程中进行提问的一个重要技巧。心理学也发现,如果销售人员能够连续地问客户五个问题,并且让对方都回答"是",那么第六个问题或要求提出后,客户就会很自然地回答"是"。这就是"5+1引导法",也是利用了人类的惯性心理(见图8–1)。

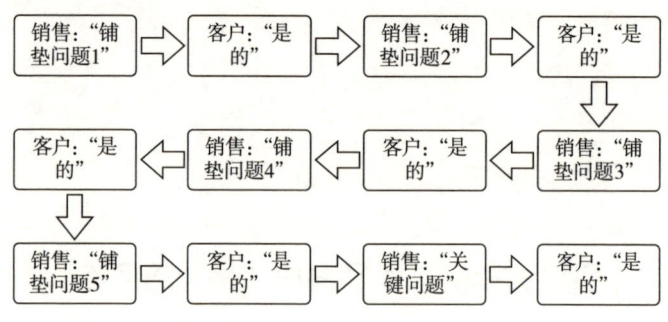

图8-1 "5+1引导法"图示

在国外,许多销售人员在拜访客户之前,都会精心设计一些能让客户回答"是"的问题。比如有一位健身器材推销员,他在见到客户后,一般都会提出以下五个问题:

(1)"请问您是这家的主人吗?"客户会回答:"是的。"

(2)"先生(太太),我们正在做一项有关健康的抽查活动,您愿意配合我们吗?"客户此时或许会有难色,但还是会回答:"好。"

(3)"请问,您觉得运动是影响身体健康的一个重要因素吗?"相信所有人面对这个问题都会回答:"是的。"

(4)"如果我们免费给您送来一台室内免费骑行车,让您及家人试试,时间为半年,您愿意接受吗?"因为是免费试用,一般都不会遭到拒绝。

(5)"请问我可以进来给您介绍一下这台健身车的操作方法吗?"客户会略带感激地回答:"好的,请进。"

当推销员进到客户的家里,他会接着问预先设计好的一些问题,而客户主要的任务就是点头和说"是",到最后,很多客户都会心甘情愿地掏钱购买一台机器,而不是只满足于试用了。

这就是利用"5+1引导法"的提问引导客户,在这样的模式下,销售人员可以顺利地介绍产品,并且成功地缔结客户。

可见,这是一种非常简单又实用的销售技巧,那么,在哪些情况下销售人员应当采取引导式提问呢?

1. 销售人员在介绍完产品之后。在对产品作完简要的介绍后,不要立即就提出成交的问题,应当先问客户对产品的感受,有什么不清楚明白的地方。

2. 陈述一个事实之后。为了更好地说明产品的性能,销售人员往往会向客户陈述一些事实,讲完之后应当针对这个事实进行提问,让客户给出相应的、肯定的回答。

3. 提出了成交方案之后。销售人员不能在提出成交建议之后,武断地让客户同意,而应当再次征求客户的意见,是赞同还是不赞同?还有什么需要调整?有什么需要补充?

可见,不是任何时候都可以随便应用引导式提问的,要掌握好场合、心态、分寸。同时,这个方法的应用也需要一些技巧的支撑。

》方法一:顺着客户的想法提问

一位销售专家曾说:"与其改变消费者固有的想法,不如在消费者已经熟悉的想法上去引导消费者。"

销售人员一定要了解客户的一些背景资料,并且在交谈之初直接询问客户对产品与服务的某些看法,然后从中整理出客户的想法,并根据客户的想法,引出进一步的提问。

场景:

某客户电话咨询车险业务,业务员 C 在了解了客户去年的车险保单之后,问:"您去年购买了 50 万的三者险和 5 万的司机险。您对自身的安全还是相当重视的，但您不觉得这 5 万的司机险不够吗？"

客户："我也认为不够，所以今年不想买了，就买一个 50 万的三者险吧。"

业务员 C 说："作为车险保险员，我还是建议您不要放弃司机险这块，毕竟人是最宝贵的，您肯定也是这样认为的吧？"

客户："那是的。"

业务员 C 说："但是这个 5 万的司机险确实少了点，而且只是在车上驾驶时出现意外才给赔付。现在有一个险种，同样花费一两百块，但保费可以达到 30 万，而且是随人走的，也就是司机在任何场合出现意外，都可以赔付。您认为这个险种怎么样？"

客户："这不错啊！你给具体说说。"

多么聪明的业务员，不仅准确地掌握客户的心理——重视个人安全，还知道客户想取消司机险的原因不是怕多花保费，而是因为 5 万元的保额太少，于是就顺势推荐了另一个险种。这个过程就是在认同客户观点的基础上，把客户引导到自己的想法上去，让客户在自己的想法中愉快地接受销售人员的推荐。

▶ 方法二：把问题化繁为简

很多销售人员特别喜欢给客户介绍或同客户进行讨论。但与客户讨论太多，往往容易跑题，说得挺热闹，却都是无用的，因此销售人员必须把握本质问题，化繁为简。也就是通过一个简单的问题，了解客户为什么犹疑不决，再根据客户的情况，采取相应的对策。比如下表所列的这些问题（见表 8-1）：

表 8-1 销售员如何询问导致客户犹豫不决的几类问题

销售人员问题				
价钱方面是否还有些问题?	您是否觉得现在买还为时过早?	您是否对款式不太满意?	您是否觉得应当选购更知名的品牌?	您是不是已经在其他地方购买了?

当得到了客户的回答后,再面对不同的问题,采用相应的策略。通过化繁为简的方法,可以使销售人员不在客户的思路里兜圈子,而是跳出来,让客户根据自己的思路来回答问题,这样一来,销售员就可以有针对性地解决客户的疑难了。

8.3
连环式提问，瓦解客户最后一道防线

连环计是三十六计中的一计，应用甚为广泛，由此延伸出来的连环式提问，也是在应对麻烦状况时非常有用的方法。销售行为中无疑麻烦状况会很多，于是，一些优秀的销售人员就在适当的时候使用连环式提问，将麻烦化解。

所谓连环式提问，意思就是一步接一步，一环扣一环，每一步都走得精准，每一环都问得到位，不给对手留下思考喘息的机会。那么，具体应该怎样做呢？我们以分布解析的方式，将连环式提问的关键之处列举出来。

▶ 第一，了解客户的需求

"我希望更多地了解贵公司的需求，您能告诉我您是怎样评价贵公司目前正在使用的××产品吗？"

了解客户的需求是为之后进一步提出问题打下基础，可以说，客户的需求了解得越多越正确，提出问题能切中客户要害的概率就越大。

小技巧：说话急切一些，可以显示出真诚和热情，还能将主动权交给对方，让对方得到被尊重感。

第二，提出关键性的问题

"我想要帮助您，但在此之前，我要问您一个关键的问题：要是您能发明一种产品或服务项目来解决贵公司所有的问题，这种产品或服务项目应该是什么样子的？"

这个关键的问题也是了解客户最核心需求的关键。上面这句问话，看似有些不着边际，但却恰恰是对方最关心的点，对方也一定愿意回答，而这个回答就是对方对能解决自己公司问题的产品的要求。这些要求中难免会有无法实现的，但也是找到了方向。

小技巧：一定要真诚，让对方知道你确实在关心他们，而不仅仅为了交易和利益。

第三，清楚产品的主要优点

"我们提供的××产品（服务项目）主要的优点是：(1)……；(2)……；(3)……。您对哪一点最感兴趣？这一点为什么对您很重要？这一点能达到您的要求吗？"

产品的优点看似固定，其实并不固定。固定是相对于广域范围内的销售者来说的，如同做广告，要给产品树立一个或几个优点，用以吸引眼球。但面对面销售时，优点就不那么固定了，可能甲客户觉得产品的这方面好，而乙客户却认为产品的那方面好，具体产品什么地方好，以客户的喜好和需求而定。

小技巧：在这个环节中，只需问客户对产品哪里感兴趣，切不可装诚恳问客户对产品哪里有不满。客户之于产品永远是一对矛盾体，再优秀的产品客户也能找出不足，所以一旦让客户开口说不足，推销的难度将会立即增加。而且，客户在被问及对哪点最感兴趣、对哪里最满意这类问题后，会很自然地去思考产品的优势，内心对产品的满意度也会随之提升。或许客户说着说着产品的好处，就将原本对产品的一些不足忘记了，这也是常见的情况。

❯❯ 第四，引导顾客，步步深入

"×××先生（女士），如果您相信使用我们的××产品（服务项目）后，贵公司能够获益，那么您下一步打算干什么？"

让客户主动打开话匣子，边畅想边描述，这是很好的引导客户认可产品的方法。人都是这样的，在描述美好情况的时候，往往会忘记那些不美好的情况。

小技巧：这一步一定要让客户自己想自己说，不可以代替客户回答，这是很多销售人员都会犯的错误，代替客户去畅想客户的美好未来，客户还会认可吗？

❯❯ 第五，明确决策人

"×××先生（女士），我能不能认为，要是您欣赏我们的××产品（服务项目），也对价格无异议，您是有权批准购买的。"

明确谁有决策权很重要，不能说了半天，一切都看似将要OK之时，才知道对方没有决策权，这不是浪费"白细胞吗"！

小技巧：这是问不好就会有损面子的一个环节，需要注意的地方有几点。第一点，要用肯定句，不能用疑问句。要抱着相信你眼前的客户有决策权的态度，才能让交谈顺利进行，而且大部分情况下，没有决策权的人是不会轻易与对方讨论产品交易的。第二点，不能突兀地问，要有前缀。不能上来就问客户"您应该有决策权吧？"或者"您能做决定吗？"或者"我们不需要再向其他人请示了吧？"这些都是极其不礼貌的。第三点，不要太过含蓄。若是因为不好意思问话而绕弯子，不仅不会得到客户的谅解，还会招致客户的反感。其实，只需明白，确认你的客户是否有决策权是非常正常的行为，只要问话的方式得当就可以了。

▶ 第六，将妨碍剔除

"有什么原因妨碍您今天做出决定吗？"

这是绝不能省略的步骤，也是不应该回避的步骤。只要对方没有下决心，就说明还有妨碍，那么就主动问出来，既可以显示出对客户的关心，还可以向客户传达出一种信心，就是"我并没有因为你的犹豫而感到心慌，相反却是你因为犹豫而感到心慌"。

小技巧：发现苗头就要及时提问，不能给客户留下思考的机会，趁着客户还没有整理清晰自己的思维就发问，客户的抵抗心理是起不了多大作用的。

▶ 第七，试探成交

"如果我们的××产品（服务项目）满足您的标准和要求，我们何时能开始商谈安排发货（安装系统）呢？"

编筐编篓，全在收口。成交是销售的最后一个环节，却也是最容易出现问题的一个环节。不要认为已经进行到这一步就可以放松了，人总是在做决定和掏钱时最容易出现反复。因此，要一步不落地紧紧跟住，引导客户尽快做出最终的决定。

小技巧：趁热打铁的效果永远是最好的。询问客户何时成交时要趁热，那么在等待客户回答时就得稍微"凉一凉"，催得紧了，容易让客户产生逆反心理。

以上就是运用连环式发问过程中的要点，只要我们能抓住这些要点，再结合具体的情况具体操作，客户的防备心理是很容易就会被突破的。

8.4 二选一提问，让客户做出选择

场景：

有位女顾客去××大厦买衣服，一连试穿了几件，都感觉不错，一时间拿不定主意。女顾客比画比画这件，又搭配搭配那件，脸上满是焦虑，只能不断问销售员哪件最好。销售员的应对策略是，问她哪件都说：很好、很漂亮、很适合、应该买下来。反复几次后，女顾客有些生气了，没好气地对销售员说："哪件都好，难道让我都买吗？你们这些商家心真黑。"说完转身离开，一件也没买。

这位女顾客遭遇的情况很常见，既因为销售人员的应对方式不好，也因为她具有每个人都或多或少有一些的"选择困难症"。有选择困难症的人，在必须要做出选择时，总会犹豫不决。尤其是在购物消费时，选择困难症会爆发得更加厉害，会因此而内心迷茫，抉择艰难。好像哪个选项都不错，又好像哪个选项都不太好（见图8-2）。

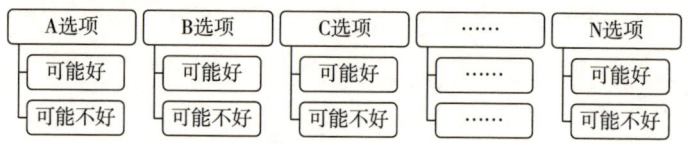

图8-2 "选择困难症"的常见心理状态

通过此图示可以看出，选项越多，选择的困难程度就会越高。那么，聪明的销售人员在客户面临选择困难时，会主动帮助客户减少选项，将原本的N选一，减少为二选一，如此一来客户只需要做出"不是这个，就是那个"的选择，就简单多了。

比如，有个人正在纠结，我是买两厢的黑色车？还是两厢的白色车？还是买三厢的红色车？还是买三厢的白色车？价格也是分很多，还有带不带天窗的，到底要怎么选择呢？

我们来看下面这位销售员是如何帮助他的：

销售员："您喜欢三厢的还是两厢的？"

客户："两厢的吧。"

销售员："您喜欢亮色调的，还是素色调的？"

客户："素色的更好。"

销售员："您喜欢黑色、红色还是白色？"

客户："白色。"

销售员："您要带天窗的还是不带天窗的？"

客户："还是带天窗更好。"

销售员："您习惯开自动挡还是手动挡？"

客户："自动挡。"

销售员："您是要10万元左右价位的，还是15万元左右价位的？"

客户："10万元左右的吧！"

销售员:"好的,我明白了,这款丰田致炫最符合您的需求,两厢、白色、自动挡、带天窗……"

原本看起来选项好多,却被销售员连续运用二选一提问方式给化解了。采用二选一提问法,等于销售员在每一个问题上面都限定了答案,客户只有两种选择。这样,随着一个又一个问题的提出,客户做了一个又一个的回答,最后选定了价格。一般来说,让客户做出购买决定是不容易的,如果你直接问客户:"这辆车不到10万元,但性能很好,是自动挡的,带天窗……您觉得怎么样?"面对这样的问题,客户总能找出很多反对的理由,或者是犹豫不决。

乍一看,这种二选一的方法有些逼迫客户做出选择的意思,但客户恰恰需要一点逼迫来推一把。如果将决策的权利交给客户,而不稍微逼迫一下,成交就将杳无音信了。比如,这样问:"您需要购买吗?"等于暗示顾客可以不买,再加上客户的防备心理,很容易引起客户否定的回答。而二选一提问既可以把购买的选择权交给客户,又不会让客户无限制地耽搁下去,还不会对客户造成太大的强迫感。如同轻轻地一推,让客户在既无压力又不犹豫的状态下做出购买决定。

其实,二选一提问法就是对客户的一种思维限制,让客户在销售人员给出的范围内做选择,这种限制的好处就是让客户在仅有的两种选择中选中其中一项,从而达成交易。那么,这种限制分为哪几类情况呢?

◈ 第一,数量限制

购买商品,数量是很关键的因素,买多少往往不是由客户来决定，而是销售人员帮助客户做出的决定。这里就用到了二选一提问，如"您需要50台，还是100台？"或者"您要这一件衣服，还是再加上那条裤子？"或者"您保50万三者险加5万司机险，还是保50万三者险加车损险？"

这三句问话都是围绕数量，但用法还是略有差异。第一句是直接提出，或许客户只想买30台，经此一问，客户的最低选择标准就变成了50台，只要客户答应，大单就做成了；第二句是选一搭一，给客户的保底就是购买一件衣服，很有可能客户连同裤子也一起买了；第三句是双向决策，两个选项，顾客需要从中做出决策。

与数量限制类似的还有型号限制、颜色限制、外观限制、功能限制、品牌限制。具体问话方式如"您想要大型的，还是小型的？""您喜欢蓝色，还是粉色？""您喜欢大屏幕的还是一般规格屏幕的？""您习惯自动挡还是手动挡？""您需要我给您更换×牌机油，还是装Y牌机油？"等等。

总之，类似这种提问方式，客户无论选择其中的哪一种，势必将接受销售员给出的两个前提条件中的一个。

第二，价格限制

与上述限制不同的是价格类的限制。因为上述限制的设定可以非常明确，红色、小型、大屏幕、50台，都是很明确的界定。但价格不能这样明确界定，不能问客户："您要买10万的车，还是买15万的车？"或者"您要买30元钱的脚垫，还是买50元钱的脚垫？"

对于价格限制，只能给出相应的范围，最好还应利用产品的其他特征进行辅助,如"8万元以下的车型几乎都不配置天窗,很多也不配置前雾灯。而11万左右的车型这两项都会配置的。您考虑下,是买哪个价位的?"

天窗和前雾灯作为对价格差距的一种补充解释,也让客户对汽车有了一定的了解,方便客户做出选择。

》第三,时间限制

与上述两项限制都不一样的是时间限制,这是一种与客户相约时所用的技巧。大部分做业务的人在与客户约定时间时,总是这样问"请问,您什么时间方便?"或者"我什么时间拜访您合适呢?"看起来很有礼貌,将决定权交给了客户,但同时也将拒绝的权利一并交给了客户。客户如果回答"最近没有时间"或是"我还不想考虑你们的产品,暂时不做见面的安排"该如何应对?难道还要死缠烂打吗?

但是,如果改变一下问话的方式,变为"我明天早上拜访您,还是下午拜访您?"效果要好得多。缩小了客户的选择范围,使提问更加有效。通常客户会很自然地顺着你的问题去想他是明天上午方便还是下午比较方便。

总之,二选一提问法可以减少客户做出否定决定的可能,从而增加成交的机会,所以,有经验的销售人员会经常使用这个方法。

8.5

框架式提问，让客户进入预先设置的框架中

在建筑行业中，有这样一种浇筑方法，就是在规定的范围内，预先用木材和钢筋框出一个框架，然后向这个框架中缓缓倒入混凝土，再用振捣棒逐渐夯实后就完成了。这样做的好处是浇灌的混凝土被圈定在规定的范围内，不会溢出。

其实这种现象与一种非常高明的营销话术很像，就是框架式提问法。所谓框架式提问，就是销售人员预先设置好一个框架，然后再通过问话引导，一步步将客户引入框架的范围内，使得客户最终完全接受销售人员的建议。

场景：

销售人员："请问一下，您是否认同节约成本是获得利润的主要因素？"

客户："当然，成本减少了，利润自然就上去了。"

销售人员："您是否认为合理的库存将会减少存货成本？"

客户："可以这么说。"

销售人员："您是否想过在库存这方面降低成本呢？"

客户："当然想过，只是目前还没有找到好的办法。"

销售人员："如果有一种关于库存管理的软件，能让贵公司的库存管理更加有效，您愿意尝试吗？"

客户:"如果真有这样的软件,我愿意试一试。"

销售人员:"我今天就带来了这样一款软件,您试用一下,看看效果怎么样?"

客户:"好啊!"

该案例中,销售人员给客户设置好了一个框架——用这款软件提升库存管理效果,他的一切运作都将围绕这个框架而展开,最终的目的是推销出这款软件。

但如果销售人员一上来就说"我这里有款软件,可以对库存管理做出很大提升,帮助公司节约成本"这类的话,客户会愿意接受吗?即便客户知道库存管理到位了能够节约成本,但客户凭什么相信销售人员的这款软件能做到呢?因此,这种开门见山的推销都是很难开花结果的。正确的做法是给客户提问题,让客户在回答问题的过程中,自己产生对某一种结果的渴望。就像本例中的客户那样,在回答销售人员的问话时,勾起了他对合理管理库存的渴望心理。正是因为这种心理才答应销售人员提出的试用软件的建议。

因此,给客户预先设置好框架后,就需要采取迂回方式,将客户逐渐带入这个框架中。本案例中的销售人员通过四个连续不断的问题就达到了目的,最后问客户是不是愿意试用下软件,得到了肯定的回答,这是前面诸多铺垫之后一定会得到的结果。

那么,框架式提问是不是就是如此一成不变呢?当然不是,任何方法都可以变形,根据不同的情景和不同的背景,采用各不相同的策略。

▶▶ 方法一:借助竞争对手设置自己的框架

框架可以是完全由自己设置,也可以借助其他条件进行设置。比如，有一些销售人员就懂得借助竞争对手来为自己设置框架，并最终利用这个框架圈住了客户。

场景：

一大学生去购买音响，但由于品种太多，价格也起落很大，他一时难下决断。店铺老板看穿了他的心思，对他说："我知道你很想买套音响，但下不了决心，买贵点儿的怕上当，买便宜的又不甘心。这样吧，这条街上还有三四家音响专卖店，你去转转看看，货比三家嘛！你认为怎么样？"这是这名学生求之不得的，他也想去其他店看看，可觉得麻烦了老板好长时间有些不好意思，听老板这么说，笑着说："好的，我去看看，谢谢你。"学生逐一来到其他店铺中，但因为他是外行，也看不出什么门道，只不过在其他店里的"境遇"就不那么美妙了，当他问了很多却没买时，那些店的店员都表现出了不满的态度。最终，学生回到了原来的这家店，买下了一套心仪的音响。

这位老板借助其他店铺给自己设置了一个框架，共分为四个方面——我没有骗客户、我没有难为客户、我为客户着想、我这个人心肠好。学生去了其他店之后得到了完全相反的待遇后，当然会回来的。试想，如果这个老板一味地向学生推销音响，并且信誓旦旦地保证："我这里都是真货，我这个人绝对不骗人，不信你买下试试？"学生本来就心存戒备，这番话只能带给他压迫感，使他想要尽快离开，更别说买货了。

要使用这个策略，有两点必须要注意：

1. 知己知彼。清楚自己的产品绝对是货真价实的，还要了解竞争对手的服务态度是可以被利用的。如果自己的产品是假货，能用虚假骗消费者一时，骗不了长久，早晚会自食恶果。如果竞争对手也懂得这个方法，那就等于拱手将客户送出了。

2. 态度真诚。推荐客户去其他店铺的态度一定要真诚，不能虚情假意地假送真留，更不能含沙射影地贬低其他店铺。客户在购买商品时的内心是很敏感的，商家一点点的态度变化都能感受出来。

▶ 方法二：借助突发事件设置自己的框架

世界之大，总会有意外发生。不好的意外事情，会令人感到伤心难过。但除了伤心之外，还要懂得借助这种变故，这也是一种力量。

场景：

一对夫妇去买一辆新摩托车，选好之后，销售人员还向他们推荐了一款较为昂贵的头盔。

丈夫说："我骑摩托多年了，技术很好，用不着这个。"

销售人员没有反驳，而是问了句："你们知道前几天××大街上发生的那起车祸吗？"

妻子回答："知道啊，据说伤者脑袋撞开了，当场死亡了。"

销售人员说："是啊，年纪轻轻的就这么没了，他的父母可怎么受得了。"

"是啊！太惨了！"妻子悻悻地说，脸上抹过了一丝阴云。

销售人员接着说："第二天警察就来附近卖摩托车和电动车的店里检查头盔的质量。告诉我们一定要让车主购买头盔，那个死者就是因为没戴头盔脑袋直接撞地上，不然死不了。你们说可惜不？"

妻子拉了拉丈夫说："我看咱们买一个头盔吧！马路上的意外不是谁技术好就一定没事的，咱不撞人，万一有人撞咱呢！"

丈夫说:"要买就买俩,买一个我戴你不戴啊,我还不放心呢!"

夫妻俩一人买了一款相当贵的头盔笑呵呵地离开了。

销售人员巧妙地将发生的意外作为了自己架构框架的一部分。客户不想买头盔,他并没有马上反对,而是利用这个意外让客户看清楚了购买头盔带来的巨大好处和不买头盔带来的巨大隐患和灾难,客户不知不觉中就进入了销售人员的框架中,一种莫名的压力袭来,不买就是对自己的生命不负责任,对父母家人不负责任。

使用这个方法也有两点需要注意:

1. 意外必须真实发生过。不要为了让客户购买而胡乱编造一些意外,这等于在欺骗,客户会一时发懵,不会一直发懵,当冷静反应过来后,还会同意购买吗?

2. 意外必须是"新鲜"的。借助意外就是借助意外带给人们的心理冲击,显然意外距离越近,对人的心理冲击就越大。试想,一件发生在三年前的意外,还能对人造成什么大的影响吗?哪怕是发生在三个月前,人们的心理感受最波动的时期也已经过去了。

8.6 幽默式提问,放松状态下更容易成交

幽默的作用有很多,最主要的是调节气氛。因此很多交际大师都提倡人要有些幽默感,以便在关键时候帮自己也能帮他人脱离尴尬。

德国心理学家西奥多·阿多诺说:"幽默是一种最富感染力、最具有普遍传达意义的交际艺术。"

幽默在人际交往中的作用是不可低估的,人们都喜欢和具有幽默感的人交往,因为他们能给人带来一种心灵上的愉悦和轻松。在销售中更是如此,交易是一种容易激发起人类防备心理与内心敌意的活动,如果销售人员懂得恰当地运用幽默的技巧,就可以尽快地消除客户的紧张情绪,使整个洽谈过程变得轻松愉快,充满人情味。所以,幽默的销售人员更容易获得客户的欢迎,取得客户的信任。

销售人员的幽默在销售中最重要的能起到三个方面的作用:一方面可以化解销售过程中产生的尴尬局面;另一方面可以化解客户对销售人员和其所销售的产品的误解;再一方面是消除客户对产品的异议。下面通过三个具体场景来展现这三种作用。

场景1:

房产经纪人A领着一对夫妇向一栋别墅走去。一路上,为了

销售这套房子，他一直在夸耀这栋房子和这个居民区："瞧这个地方多好！空气洁净，遍地鲜花绿草，这儿的居民从来不知道什么是疾病与死亡。谁也舍不得离开这里。"碰巧就在这时，他们看见一户人家正在忙碌地搬家。这位经纪人马上说："你们看，这位可怜的人……他是这儿的医生，因为很久没有病人光顾，而不得不迁往别处谋生了！"

这户人家的搬家恰巧和A讲的话冲突，如果不用一些幽默的方式化解，而是一味地解释，想一想会出现什么样的局面？其实，那对夫妇也知道A对这套别墅和这个小区的介绍有些夸张，但卖货的都会夸赞自己的商品，这没什么可计较的。但如果A在夸张的语言被揭穿后，仍在不停地圆场，就不能不计较了。但A很聪明，他的一句幽默化解了这次尴尬。

场景2：

一位女士气冲冲地走进一家商店，恼火地对售货员B说："十分钟前，我让女儿在你们这里买一斤饼干，到家一称分量不够，你该怎么解释？"售货员B微笑着说："这位女士您先别生气，您的饼干虽然少了，但是您的女儿这会儿肯定是重了，请回去再称称您的女儿，好吗？"女人一听才想起女儿平素爱吃饼干，在路上吃了是很有可能的，只怪刚才火气太大，没想到这些。想罢，她尴尬地笑了笑说，不好意思啊，便转身离开了。

B用的方法叫"幽默性反问"，形式是轻松的，但揭示的含义却是严肃的。这位女士的指责涉及诚信问题，这是很严重的问题。如果B据理力争，这场冲突很可能会愈演愈烈，而且B也争不明白。如果B直接说："是你女儿路上偷吃了吧？"即便这位女士也能想到或许真的是这样，但出于对自尊的考虑或者为了维护女儿，她很可能会拒不承认，事态依然会难以收场。但运用幽默就完全不一样了，既委婉地提醒了女士饼干的去向，又保住了对方的尊严，还给孩子留下了成长的空间。

场景3：

客户："不好意思，我没有时间和您谈保险。"

销售人员："难道因为您没有时间，不幸就会远离您，不会敲响您的门吗？"

加上幽默作为佐料的反击就不再称之为反击了，似乎只是随随便便的一句问话，或者脱口而出的一个玩笑，却能产生轻松自如、发人深省的效果。

总之，幽默的人走到哪里就会将笑声带到哪里，如果你是一个幽默的销售员，那么在交易过程中，将会给客户带来很多快乐，引领客户在轻松的感觉中完成交易。因此，在销售过程中，应该不失时机地来点小幽默，有助于更快地达到成交的目的。但在运用幽默时，还有几点注意事项不可忽视：

》第一，幽默要适度

在销售过程中，适当讲一些小笑话，有助于迅速降低客户对销售人员的戒备心理，加快销售成功的进程。但千万要注意，幽默不能过度，如果掌握不好分寸，会给客户留下轻浮、不可靠的印象。适度的标准有三点：（1）不能每句话都运用幽默，这样会令客户感到烦躁；（2）不能借助幽默而随意打断客户的话，幽默不是万能的，任何形式的插话都是没有礼貌的；（3）幽默不能不着边际，销售是要有针对性的，是要和客户进行交易的双向行为，随意的调侃则是对客户的不尊重。

第二，幽默的内容要得当

可以对一些紧急出现的尴尬场面进行幽默的调侃，然后相互哈哈一笑，尴尬尽除。但幽默所选用的内容一定要得当，不要用其他人的缺陷当幽默的因子，这是素质低下的表现；也不要把一些不健康的"段子"当成幽默，这会让客户感觉无聊；更不要拿客户的一些私人问题说笑，这会引起对方的不快。而且幽默的措辞一定要适当，避免使用不当，引起误解。

第三，幽默时要保持微笑

幽默是要产生"笑"果的，幽默一定要和笑结合起来。销售人员在"幽客户一默"时一定要保持微笑，否则很可能被误认为是讽刺。销售人员的微笑其实就是在告诉客户，他此刻说的话是为了让客户高兴。

第四，幽默不应冲淡主题

销售人员和客户交谈的主题只有一个：围绕产品展开，达成交易结束。不可否认有些销售人员的幽默段数相当高，但是一幽默起来，就将客户的思路越拉越远，也将自己从交易的核心目的中拉出来，最后冲淡了谈话主题，使得交易失败。记住，幽默只是为交易服务的一种手段，它不可以喧宾夺主，只能在需要的时候才可以显露一下。

第五，幽默要区分客户

销售人员打算轻松幽默一番之前，最好先分析清楚眼前的客户是否喜欢幽默，能适应什么程度的幽默，一定要确信不会让对方厌烦，更不会激怒对方。如果一位销售人员遇到的是一本正经的客户，那干脆就收起幽默的套路，本分地发挥能量；如果销售人员遇到的是喜欢直截了当的客户，也不要轻易幽默了，还是拿出其他本事为好；如果销售人员遇到的是内向的客户，运用幽默就要非常讲究了，别因为太出格而让对方觉得不适应；如果销售人员遇到的是非常喜欢幽默的客户，也千万不要认为是遇到知己了，对方喜欢幽默，我方就得收敛一些，不然两个"笑仙"凑在一起恐怕也谈不成什么交易了。

第六，幽默要区分场合

幽默注意场合是一个永恒的忠告，同时也是非常容易被忘记的忠告。总会有一些销售人员不管场合、不分地点地就开始幽默。如果是在比较严肃的商务谈判中，或者正在洽谈很重要的事情，就不宜幽默了。而在轻松的交易环境中，就应该适度地运用幽默，但要找准与场合地点相匹配的话题，以免造成冷场和尴尬。

8.7
启发式提问，让客户发现更多价值

启发式提问，顾名思义，是通过提问对客户进行思维上的启发。这种启发可以让客户从不同的角度发现原本没有注意的利益，而这种隐性利益的出现，对于交易的成交起着非常积极的作用。

戴尔·卡耐基就很善于运用启发式提问的方法帮助客户开启思维的死角，挖掘思维的漏洞，也帮助自己获得客户的认可，最终和客户达成友好合作。

年轻时的卡耐基租用××大酒店的一间会议室给各大企业的老板培训企业管理方面的课程，连续进行了半年，卡耐基得到了老板们的认可，名声也逐渐提升，来的学员越来越多。正当卡耐基考虑如何同酒店经理商议扩展教室面积时，酒店经理却先一步找到了他，因为卡耐基和酒店的租用合同即将到期了，酒店看到卡耐基的生意进行得不错，决定要提高租金为原先的三倍。

这种条件卡耐基无法接受，他找到酒店经理，说："听到涨价的消息我感到非常惊讶，但我知道这不是您的错，如果我是您，也一样会提出这样的要求，毕竟酒店是以赢利为目的的。虽然我很支持您的提议，但在我还不能确定是否同意之前，我想和您算一笔账：如果您还以原来的价格租给我，我一定会留下来，前来听课的老板们都会是酒店的潜在客户，这是酒店花再多钱也买不到的'活广告'。这比只为了多收些租金，却撵走我要强许多。您认为我说的这种局面是不是对酒店的发展更有帮助呢？"

酒店经理想了想，决定依然用原来的租金价格继续租给卡耐基，还表示未来都不会给卡耐基涨价。

卡耐基运用了启发式提问，帮助酒店经理发现了隐藏的利益——前来听课的企业老板们。一旦经理发现了这个商业价值，他当然不会放卡耐基离开了。这就是启发式提问的威力，比单纯地为了利益而谈判不知道要高明多少倍。

启发式提问还有很多辅助型的旁支方法，在此我们举出两种，仅供参考：

▶▶ 方法一：通过提问引导客户说出自己的感受，这种感受将促进客户同意交易

体验营销是非常好的方式，近些年尤其流行。但在客户体验之后，如何进行下一步吸引更加重要，做得不好，前期体验将毫无作用。通常营销人员在客户体验后，会立即探测客户的购买意图，这就是错误的做法。体验结束之后，不是应该谈感受吗？怎么会跳过去直接谈交易呢？

世界顶级的职业演说家和销售培训师博恩·崔西指出："客户在体验过产品之后，你就要及时地问。问什么呢？问客户的感受，因为这样就可以让客户把对产品的感受说出来，从而加深他们对产品的感觉力度，然后再让他们作出购买的决定就会容易多了。"

崔西的方法就是利用了人在对某些事物感受的初级阶段印象

最深刻、也是防备性最薄弱的心理，及时引导客户说出他们的感受，就等于是引导客户在防备心理最弱的时候进行自我说服。

可见，灌输虽然重要，但引导更为重要。客户的体验与认知有时候是混乱的，如果销售人员引导他们清晰地表达出来，其实是完成了一个自我说服的过程。

▶ 方法二：启发客户认识到商品其他的"更耀眼"的价值

追赶潮流是消费者的普遍心理，于是很多商家都追赶着潮流售卖热门的商品。但是这样也会出现一些问题。很多顾客一边想要追赶潮流，一边又不愿意与他人用同样的东西。这种顾客往往会说："我看到很多人都在用它，我再买挺没有意思的。"

面对这样的问题，销售人员该如何应付呢？因为确实用很多人都在用的东西，尤其是穿戴饰品类的东西，一出门就撞衫，恐怕任谁都会感觉不舒服的。因此，销售人员必须要善于处理这类问题，争取把不利变为有利。

但是在现实中，很多销售人员面对这样的问题，往往会说："那您看看别的吧。"其实顾客正是因为喜欢这件商品，才会关注它，现在商家让顾客看别的，就等于让顾客不要购买了，等于承认了很多人都在使用确实是一种不好的现象，无形中就认可了客户"再购买确实不太好"的心理。有的销售人员的回答略微好一些，会说："虽然很多人在用，但每个人穿出来的感觉是不一样的。"虽然给了顾客一些继续购买的理由，但却无法给顾客购买的信心，顾客会想："每个人的感觉不同，那也是有好有坏，我穿上如果感觉不好呢？算了，还是不要买了。"看到了吧，这样的回答,依然是软弱无力的。

其实,很多人都在使用,恰恰说明了这件商品有它独特的价值,否则也不会有这么多人来购买它。销售人员应该转变一下思维方式,把不利的条件变为有利的条件,试着这样回答:"是啊!因为这件衣服真的超级受欢迎,代表了时尚的前端。能选中这件衣服的,说明有眼光,时尚感强。而且能选中这件衣服,说明搭配能力也很强,大家都在穿,但都穿出了自己独特的气质,别人学不来的。您的衣品也是超棒的,您有信心将这件衣服穿出专属于您的风采吗?"

如果能这样回答,好处太多了,首先肯定了商品的优势,然后再利用流行夸赞选中这件商品的人,再将这件商品能带给人的不同之处阐述出来——虽然大家都在穿,但穿出来的风格各不相同,最后一句带着肯定是夸赞的疑问句,瞬间提升了顾客的自信心和好胜心——"别人都穿,我为什么要落后,难道我的衣品不行,还是搭配不行吗?"在自信心和好胜心的双重作用下,顾客拿下这件商品就势在必行了。

可见,启发客户认识到商品其他的"更耀眼"的价值,是销售人员必备的能力。不要被商品眼前的劣势所震住,要敢于、善于帮助客户寻找商品的另外一面,并将另外一面用最大的价值展现出来。

8.8 换位式提问，让客户无法拒绝

在销售中要想让客户认同销售人员的观点，最好的办法就是销售人员先行一步进行换位思考，将心比心地站在客户的角度思考问题，为客户的利益进行考量和打算，减少客户的防备心理。乔·吉拉德曾说："我的秘密是我真心实意地在帮助客户挑选最适合他们的车辆，而不是单纯在为了赚钱而卖车。"

这就是乔·吉拉德的换位思考。其实，没有人不知道从事销售的人卖东西的目的就是为了赚钱，因此每个人都对销售人员心存戒备，认为销售人员推荐给自己的商品都是对销售人员自己有利的，要么是进价和售价相差大的，能有高提成，要么是价位偏高的，赚取高工资。总之，销售人员在客户心中的形象总是很"奸诈"的。基于这样的思想，客户是绝对不会信任销售人员的，此时销售人员若只顾口若悬河地宣传自己的商品，而不顾及客户的感受，客户是很难接受的。

下面我们来看两个场景，进行对比：

场景1：

销售人员："肖经理，您好，我是××公司的小D，我们公司是专门从事员工拓展训练培训的，您有兴趣了解一下吗？"

客户："我们接受过这类培训，但没什么效果。"

第8章 提问讲技巧，巧问促成交

销售人员："我们公司为其他公司做过培训，学员反映不错的，您要不要试试我们公司的培训？"

客户："暂时不考虑了，等以后吧！"

销售人员："我们的培训师讲课是非常专业的，在国内来说排前三名，我觉得效果应该没什么问题。"

客户："我说了，暂时不需要。"

这位销售人员属于典型的不懂得换位思考的类型，客户已经表态，这类培训没有效果，销售人员依然在反复强调自己公司的培训如何如何，如果我是那位肖经理也一定会不客气地挂掉电话。

场景2：

销售人员："肖经理，您好，我是××公司的小D，我们公司是专门从事员工拓展训练培训的，您有兴趣了解一下吗？"

客户："我们接受过这类培训，但没什么效果。"

销售人员："哦，您方便告诉我，是什么原因让您觉得没有效果呢？"

客户："拓展训练的内容与我们对员工的需求不太一致，员工反映也不好，认为是浪费时间。"

销售人员："好的，我记下了。和贵公司遇到相同情况的公司目前有很多，我们正在做这方面的调查研究，以求能为更多的公司带去最为适合的培训服务。"

客户："你们的做法挺对的，不能千篇一律，要因情况而变。"

销售人员："是的，您的建议我们一定铭记。肖经理，我可不可以麻烦您帮点忙？"

客户："请讲，如果能够办到的话？"

销售人员:"是这样,我们这周的周四、周六、周日,下午2点都有一场培训讲座,您哪天有时间光临,给我们提些意见,我们也好进一步改正。"

客户:"这样啊!我看看时间安排吧。"

销售人员:"好的,那我下班前再给您去电话,确认一下时间,我们好安排给您留贵宾的座位。"

客户:"好的。"

这位销售人员的做法很到位,当他得知客户不认可这类培训时,立即转变话风,从介绍者变为咨询者,从关心客户和为客户着想的角度与对方进行交流,再利用一番"请求帮忙"将客户"套住"。

看起来,这位销售人员颇有乔·吉拉德的风采,他不以简单的卖出商品为目的,而是把客户当作朋友,真心实意地替客户着想,根据客户遇到的实际问题和心理需求,为客户制定出最有效的服务。

为客户着想,就是要赢得客户的信任,从而让客户无法拒绝交易的实现。那么,换位式思考还有没有其他的表现形式呢?

▶▶ 方法一:从细节上换位为客户着想

销售人员和客户从来都是一对矛盾体,一个想高价卖,一个想低价买;一个想大量卖,一个只想少买;一个想长久合作,一个想短期试探。

现在,其中一方决定"叛变"了,倒向另一方了,结果会怎样?"叛变"的只能是销售方,不可能是购买方。因为销售方的"叛变"是可以有更大利益可图的。

下面我们通过一个例子来看看,销售方究竟是如何"叛变"的?

场景:

××图书发行公司的销售员小Z向一家大型书店推销新上市的教学参考书。书店的业务经理听了小Z的介绍后,开口就订了2000套,但是小Z却告诉经理说:"据了解,贵市需要此书的学校有五所,每个学校需要此书的学生大约占全校人数的30%~35%。因此,先订1200套就够了,这个数量既能保证贵店供书,又可以避免积压,影响资金周转。"听了小Z的分析,经理仔细想了想,确实要不了2000本,只是怕好书不够卖,才想多订。后来小Z和这家书店合作有了一项特殊的"待遇",只要他认为好的书,尽管发货,书店照单全收。

销售人员总是希望客户订购的商品数量越多越好。如果客户想要少订,通常还会劝说客户要多订,以防不够卖。这种做法只能为销售人员带来一时的利益,对于长久却是很大的损失。销售是靠人脉维持的行业,当人脉损耗殆尽、人品不值一文时又该怎样呢?

因此,聪明的销售人员早早看清这一点,"倒戈"转向了替客户考虑,为客户谋利益,他们知道,客户是自己的衣食父母,只有客户信任自己,未来才能长久合作下去,过程也会更加顺利坦荡。

▶▶ 方法二:换位从客户的内心深处开始

有这样两则广告:

1. 出售住宅一套,有厨房、卫生间、两个卧室。除此之外,壁炉、车库、浴室，一应俱全。交通十分方便。

2. 住在这所房子里，我们非常幸福。只是由于两个卧室不够用，我们才决定搬家。如果您喜欢在春天呼吸湿润新鲜的空气，如果您喜欢在冬天的傍晚全家人守着温暖的壁炉喝咖啡时的气氛，那么请您购买我们的房子。我们也只想把房子卖给这样的人。

一对老夫妻看完这两则广告后，决意去第二家看看。

两则广告，表现出来的境界完全不同。第一则纯属就是广告，介绍了房子应该具备的，然后就是等着客户上门了。第二则广告怎么看都不像是广告啊，而是与他人分享自己幸福生活的小短文，看了的人都不禁会羡慕，谁还会关心房子有几个卧室、有没有车库，房子整体如何，先去看看感受下幸福的气氛再说。

更厉害的是，撰写第二则广告（毕竟它还是一则广告）的人直接写进了人内心最深刻、最柔软的地方，谁不想拥有温馨的家庭氛围？谁不想拥有惬意的家庭环境？谁不想幸福无忧地过一生？仿佛住进这所房子就全都能实现了。如果是我看到了这则广告，恐怕也会动了搬家的心思，想来沾一沾幸福的光。

这就是换位思考的力量，它可以直通人心，连接起一个个陌生的灵魂，让人与人之间的沟通不再有障碍。销售从来都是与障碍为伴的职业，现在有了让销售不再有障碍的办法，这就是换位思考，不赶紧利用起来，还等什么?!